Artículos de costumbres

Manchester University Press

HISPANIC TEXTS

Mariano José de Larra

Artículos de costumbres

edited with an introduction, critical analysis, notes and vocabulary by
Daniel Muñoz Sempere

Manchester University Press

The right of Daniel Muñoz Sempere to be identified as the editor of this work
has been asserted by him in accordance with the Copyright, Designs and Patents
Act 1988.

Published by Manchester University Press
Altrincham Street, Manchester M1 7JA
www.manchesteruniversitypress.co.uk

British Library Cataloguing-in-Publication Data
A catalogue record for this book is available from the British Library

Library of Congress Cataloging-in-Publication Data applied for

ISBN 978 0 7190 9708 9 *paperback*

First published 2018

The publisher has no responsibility for the persistence or accuracy of URLs
for any external or third-party internet websites referred to in this book,
and does not guarantee that any content on such websites is, or will remain,
accurate or appropriate.

Typeset in Adobe Garamond Pro
by Koinonia, Manchester
Printed in Great Britain
by TJ International Ltd, Padstow

PH = el pobrecito hablador
RE = Revista Española
Ob = El Observador
Fíg = Fígaro

Contents

Mens = Revista Mensajero
Esp = El Español

Acknowledgements

I wish to thank the series editor, Catherine Davies, for her patience and support throughout the preparation of this book. I am also grateful to Federico Bonaddio and Manuela Rocci for their extensive comments and corrections on the manuscript.

Introduction

The crisis of the absolute monarchy in Spain (1808–33)

In the summer of 1835, Mariano José de Larra wrote the short article 'Cuasi. Pesadilla política', where he declared, in the playful tone typical of the literary essay, that the time of great men and deeds had passed, and that Europe was entering an 'age of words' where the fiercest battles would be fought over language rather than over territory. As we will see, he was mainly concerned with the way in which the meaning of certain words had given rise to a political battlefield. One of the central points of the article is that the seismic historical transformations of the previous years had given way to a reality blurred by the inertia of political discourse and the commonplaces disseminated by the contemporary press. In this essay Larra not only demonstrates a heightened awareness of the power of the periodical press in the 1830s, but also the tremendous impact of the historical developments that took place in Europe during the first decades of the nineteenth century.

A reader in 1835 would certainly be aware of a recent past full of great events that had changed the course of history: the Napoleonic Wars, the independence of Spanish America, the French Revolutions of 1789 and 1830. Napoleon Bonaparte, the epitome of the age-defining man that Larra portrays in 'Cuasi', had died in 1821. Europe, still experiencing the shock waves unleashed by the Napoleonic Wars, was struggling with the question of political legitimacy at a time when the old system of absolute monarchy (monarchs having unrestricted power), a form of government predominant in much of continental Europe until the nineteenth century, was in crisis.

Mariano José de Larra (1809–37) lived through some of the

1

historical milestones that signalled the quest for a stable political system in Spain around the time of the death, in 1833, of the last Spanish absolute king: Ferdinand VII. Larra's childhood was deeply embedded in the events that had reshaped European politics forever: he was born one year after the 1808 invasion of Spain by the armies of Napoleon Bonaparte, who had been planning the conquest of Europe since his coronation as Emperor of the French in 1804. Napoleon's takeover of Spain was meant to be a relatively peaceful affair thanks to the ongoing family dispute between the King, Charles IV, and his eldest son, Prince Ferdinand. However, the imposition of Napoleon's brother Joseph Bonaparte as King of Spain was resisted by the people of Madrid, who on 2 May 1808 rose up in arms against the French troops, and thus began the War of Independence against Napoleon. The Spanish War of Independence of 1808–14 – known as Peninsular War in anglophone historiography – was just one theatre of the wider conflict between the Napoleonic Empire and several coalitions of European powers, but it was also conceived, within Spain, as a struggle for national emancipation that had tremendous consequences for Spanish history. The most significant was the rise of political Liberalism, the decline of the absolute monarchy and, eventually, the independence of Spanish America.

Considered by many historians as the point at which the modern idea of Spain as an independent nation emerged in a fully-fledged form, the pivotal moment of 1808 was subject to several interpretations by contemporaries. These interpretations were also at the root of the political divisions and diverse conceptions of the nature of the Spanish State that would come into play throughout the rest of the century. Some Spaniards saw the Napoleonic occupation simply as a change of dynasty from the Bourbons, who had been in power since 1700, to the Bonapartes, which, rather than a catastrophe, represented a golden opportunity to implement reforms that eighteenth-century Spanish enlightened reformers (the *ilustrados*) had envisaged. Reforms could never be fully implemented owing to the resistance of traditional institutions such as the Catholic Church. Napoleon, whose first measures as conqueror were the abolition of the Inquisition and the curtailment of the power of the monastic orders, was seen by the *afrancesados*, or French sympathizers, as a reformer, and therefore welcomed by a number of professionals including Larra's own father, a military surgeon.

If the *afrancesados* entrusted the fate of the country to the Bonapartes, for most Spaniards the French were an invading enemy force, and the situation in 1808 was viewed as a national crisis. The War of Independence that ensued was primarily a struggle to liberate the Iberian Peninsula from the French, but the interpretations of this emancipatory movement were diverse. If for the majority of the population the expulsion of the French armies and the restoration of Ferdinand VII were the only goals, for a number of progressive Spaniards (who called themselves *liberales*) national emancipation both in Spain and America had deeper political implications. The Spanish people needed a constitution that would restore traditional Castilian liberties, setting limits to the power of the king and warding off the double danger of foreign occupation and the corruption of power that had led to absolutist despotism.

In essence, the Spanish Liberals – and this was the first use of the word Liberal in a modern political sense – considered that the French invasion had been the definitive proof of the decline of Absolutism as a valid political model, and therefore a new system based on the idea of national sovereignty had to be put in place. The Liberals met in the city of Cádiz and, in 1812, proclaimed a Constitution that limited the power of the king and granted a series of universal rights inspired by an idealized model of the 'traditional' freedoms that had existed in medieval Spain, but also by the recent revolutionary movements in France and North America. The fact that the *liberales* were fighting for national emancipation against Napoleon while, at the same time, trying to implement reforms whose ideological background was partly indebted to French ideas was not lost on the supporters of the absolute monarchy, who saw the work of the 1812 Constitution as an illegitimate usurpation of monarchical power. When Napoleon was defeated in 1814, the Constitution of Cádiz was seen by Ferdinand VII as an attack on his royal privilege and, rather than accepting the status of constitutional king (as the Liberals had hoped), he initiated a violent purge against the *liberales*.

In spite of its brief period of implementation, the 1812 Spanish Constitution had immense repercussions throughout the political history of the nineteenth century, both in Spain and abroad. It was seen by future generations of politicians in Spain and other countries as the model of a charter that articulated the collective will of the nation into a series of inalienable universal rights. The Constitution came into effect in Spain again in the revolutionary period known as the *Trienio Liberal* or Liberal Triennium (1820–23), when an army division which was readying itself to travel to South America to stifle the independence movements rebelled against the King and made him swear to the 1812 Constitution. This second revolutionary period only lasted three years, and the Constitution was abolished once again by the King in 1823. The Liberals, once again, faced persecution, prison and exile.

The period between the 1823 restoration of Absolutism and the death of Ferdinand VII in 1833 is traditionally referred to in Spain as the *Década Ominosa*, an ominous decade when the absolute monarchy did its best to ward off the revolutionary tide by means of imprisonments, exile and the curtailment of the political press, which had been growing since earlier in the century. The death of Ferdinand VII in 1833 provoked a dynastic dispute which was, in effect, a civil war between Liberals and Absolutists. Princess Isabella, born in 1830, was the only offspring of the King and, as such, had precedence over the brother of the King, Don Carlos. This was made possible by the suspension of the Salic Law which forbids women to rule as monarchs. Conspiracies to install Carlos, a staunch Absolutist opposed to constitutionalist reforms, as successor to the crown had been growing since the last years of Ferdinand's life, and shortly after his death a civil war broke out between the supporters of Carlos (*carlistas*) and those who were in favour of Isabella (*isabelinos*). This first Carlist War (there were two other Carlist uprisings later in the century) lasted from 1833 to 1840, when the Carlist forces were defeated. During the

4

war, the Carlists controlled parts of northern and eastern Spain and occasionally organized expeditions that threatened Madrid, the political centre of the country loyal to Queen Isabella and her mother, the Regent Maria Cristina.

The Carlist War is often referred to by Larra. His articles depict the life of a cosmopolitan Madrid in the midst of political and social transformations and where the echoes of the war in the north resonated loudly. Larra did not live long enough to see the end of the war, but he bore witness to the ascension of Liberalism as a new political system in Madrid. In the 1830s, Liberalism had in effect split into two parties: the *progresistas*, who wanted to restore the progressive 1812 Constitution, and the *moderados*, who believed in a compromise between Absolutism and the representative government, a *justo medio* equidistant from the double threat of absolutist tyranny and revolutionary democracy. The *moderado* ministry of Francisco de Paula Martínez de la Rosa in 1834 inaugurated the constitutional monarchy of the María Cristina Regency with a constitutional charter known as the *Estatuto Real*, a very limited constitutional text that fell very short of granting the inalienable rights and freedoms inscribed in the 1812 Constitution.

In spite of a more reformist approach in the form of the ministry of the banker Juan Álvarez Mendizábal, a military uprising forced the Queen Regent to accept the 1812 Constitution on 12 August 1836. This progressive turn led to more far-reaching reforms aimed at terminating the feudal system and securing freedom of industry, as well as a more advanced electoral law, which was granted by a new constitution in 1837. The ascendancy of the progressive Liberals ended in 1843 when Isabella was declared of age by the *moderados* and the ministry of General Narváez started a long period of oppressive *moderado* rule in Spain.

In sum, over the course of Larra's life, Spain had become a modern constitutional monarchy with the death of Ferdinand VII, in spite of the ongoing threat of Carlism. In Larra we have a sharp observer of the way in which some long-needed reforms were taking place in a country that was in a process of transition from an absolute to a constitutional monarchy.

Mariano José de Larra (1809–37)

The early life and education of Mariano José de Larra rendered him a first-hand witness of the commotions that pre-dated the fight between Liberals and Carlists in the 1830s. Due to his father's allegiance to the French occupying army, Larra's family had to flee Spain alongside the troops of Joseph Bonaparte for fear of repercussions. From 1813 Larra attended schools in Paris and Bordeaux before returning to Spain in 1818 to complete his studies in Madrid and Valladolid. As a child, he bore witness to the political commotions of the *Trienio Liberal* and the absolutist restoration of 1823, to which he would often refer in his work. In 1828, during the latter years of Absolutism, a young Larra published his first attempt at journalism: *El Duende Satírico del Día*, a satirical journal of which five consecutive issues appeared during that year. The intention of this publication was made explicit from the very beginning: to satirize the life and customs of contemporary society in pursuit of moral instruction. *El Duende* was a text modelled on the tradition of Enlightened satire, a short-lived attempt at social critique during a time when the cast-iron censorship of Absolutism was starting to give way to more moderate influences. The rigid censorshop of the latter years of the reign of Ferdinand VII had driven the number of periodical publications down, particularly in Madrid, where the several dozens of newspapers published between 1820 and 1823 were replaced by a small handful in the following decade. The potential of the periodical press for disseminating dangerous ideas which could undermine the monarchy was clear to the authorities, and the only publications allowed during the so-called *Década Ominosa* were mediums for the transmission of official news such as the *Diario de Avisos* (the ancestor of the *Boletín Oficial del Estado*) or the *Mercurio Español*. Faced with a series of ultra-royalist rebellions, however, the monarchy was trying to disentangle itself from some of its most reactionary aspects (such as the Inquisition, which the king was reluctant to re-establish after its abolition in 1820) in order to attract conservative Liberals to its side (Escobar, 1973: 87).

6

In 1832 Larra had started his second periodical, *El Pobrecito Hablador*, which lasted until 1833. In *El Pobrecito Hablador* we already find the themes that would later become associated with the most fertile period of Larra's journalistic production, such as censorship, politics, the reading public, and so on. There is also a surge in political themes motivated by Larra's commitment to Liberal reform as well as by a wider European context of revolution and political transformation: the French Revolution of 1830 (the July Revolution) had shaken the political system of the post-Napoleonic Restoration in order to establish a constitutional monarchy in France which, in turn, had inspired Liberal revolutions in Belgium and Portugal. Likewise, the Electoral Reform of 1832 had marked a Liberal and progressive turn in British politics.

Between 1832 and his suicide in 1837 (when he was only 27 years old) Larra wrote for some of the most widely read periodicals of his time: the *Revista Española*, *Revista Mensajero*, *Correo de las Damas*, *El Observador* and, after a period of travel to Paris and London, *El Mundo*, *El Redactor General* and, especially, *El Español*, where he published some of his most influential articles. The articles written by Larra from the death of Ferdinand VII onwards show a clear but troubled commitment to Liberal ideology: his writings contain attacks against the Carlists, reflections on what paths the Liberal revolution should follow and criticisms against the sluggish pace of reform and what he saw as governmental pandering to the Carlists. His scepticism towards the morose reforms of the prime minister, Martinez de la Rosa, gave way to a rising hope in the more progressive government of Mendizábal, which might have played a part in his return to Spain after his travels around Europe in 1835. This bout of enthusiasm was short-lived, since only a few months later his articles already show a growing sense of disappointment over the authoritarian tendencies exhibited by the new government, as well as its inability to put an end to the Carlist threat. On a personal level, he suffered an important setback when he was elected parliamentary deputy in May 1836, only to have to give up his position after a couple of months, when the 1836 uprising triggered a change in government. The articles from this period, between his expulsion from active politics and his suicide early in 1837, reflect a deep pessimism in the future of the Liberal revolution.

In order to gain a full understanding of Larra's *artículos de costumbres*, it is crucial to understand the meandering course of the Spanish Liberal revolution during the 1830s and Larra's own ideological and emotional involvement. There are other aspects of his life that undoubtedly had an impact in shaping his literary production and have, in turn, shaped the history of previous critical approaches to his work (his early education in France, the breakdown of his marriage, his love affair with a married woman, Dolores Armijo, who visited him shortly before he took his own life on the evening of 13 February 1837). But, in his writings, politics are ingrained in most of the aspects of life that he portrays: from urban planning to dinner parties and doomed marriages. The central topic of the *artículos de costumbres* chosen for this anthology are the customs and manners of certain recognizable characters or 'types' found in the Madrid of his time, all of whom are almost without exception silhouetted against the glare of political and social transformations.

Journalism and the new society: writing Madrid

As well as *artículos*, Larra wrote several poems, one successful play, one historical novel and many translations of French works, but he is mainly known today for his work as a journalist. The intellectuals of the late nineteenth century saw in Larra, among other things, the very first modern *periodista*: an original, independent voice that made use of the print media to critique society.

Leaving aside gazettes and newspapers that simply recorded events and information, the journalistic tradition of Spain before Larra's *El Pobrecito Hablador* and its unique voice could be summarized in two main strands. On the one hand were the enlightened magazines of the eighteenth century and the first decades of the nineteenth. Periodicals such as *La Pensadora Gaditana* (1763–64) or *El Censor* (1781–87), rather than newspapers as we understand them today, were serialized collections of literary and scientific essays that dealt with several aspects of recent thought, and sometimes included satirical and moralistic essays that poured scorn upon traits that abounded in the courtly world such as vanity, arrogance and laziness. This form of eighteenth-century enlightened journalism was aimed at the intellectual elite and was, more often than not, funded by means of patronage. On the other hand, in 1808 *El Semanario Patriótico* had inaugurated the modern political press which flourished in urban centres during the revolutionary periods of 1808–14 and 1820–23, and was rather more alert to current affairs and political developments It was more popular (it was often read aloud in public spaces such as squares, cafés or *tertulias*) and politically partisan. Although the main content was explicitly political, these magazines also included poems, satires, news and essays, adding to the trend of miscellaneous sections inaugurated by periodicals such as the *Crónica científica y literaria* (1817–20), a stepping stone in the development of a modern form of journalism directed at a wider readership and supported by advances in press and typography.

Larra's journalism takes place during a time of transition, when the periodical press in Spain was transforming itself into a mass commodity, subject more than ever to the rules of the market. Also, rather than a dialogue between a selected minority of cultivated readers, the press had now become the voice of the Liberal revolution, a means of communicating the world view of the new class that held the political and cultural power after Ferdinand VII's death. The consideration of Larra as the first modern *periodista* has to do to a great extent with the transition from an academic, erudite press to a popular one that is starting to resemble the modern mass media, with a journalistic scope that aims to portray the whole of society, albeit reflecting the preoccupations of a new ruling class: the Liberal bourgeoisie. Larra was a central figure in Spanish newspaper history of the early nineteenth century, from his introduction to the reader in the short-lived *El Duende Satírico del Día* (1828), to his personal project for a satirical paper in *El Pobrecito Hablador* (1832–32) and finally, to his collaborations with *El Español* (1835), a newspaper that exemplified the new format of miscellaneous content and technical improvements in editorial style, typesetting and size characteristic of modern European newspapers (Romero Tobar, 1994: 52).

Larra and his fellow writers also witnessed to the emergence of a new relationship between writer and reader. Before his generation, writers were often either employed in a different occupation that guaranteed their subsistence or worked under the auspices of wealthy patrons. The Romantic era inscribed literature firmly within the market place, and the fortunes of those exclusively dedicated to writing depended on how well their works fared among the reading public. Although Larra could complement his journalist income with the sale of his translations and other original writings, his articles were his primary means of subsistence. As an author, Larra positioned himself as a critical voice that often castigated the vices and errors of the public from an independent perspective, under an enlightened conception of literature wherein the written text was considered as a tool for social improvement. However, the success of his articles was also measured by their popularity among a numerous public, which was crucial for maintaining his economic independence.

At the apex of his short literary life (the articles written between 1832 and 1836), Larra would often question the status of the public writer and his relationship with the reader. In the article '¿Quién es el publico y dónde se le encuentra?', Larra sets up a contrast between the adjectives that normally precede the word *public* in his contemporary usage (*ilustrado, indulgente, imparcial, respetable*) with the reality of a stroll around Madrid in search of 'the public', which he finds preoccupied with superficial socializing, eating at greasy and uncomfortable restaurants, displaying its vanity in crowded promenades and dark cafés, arguing without proper knowledge, drinking, gambling, showing a distinct lack of taste in artistic matters, and, in general, subject to capricious whims and sudden changes of mind. His conclusion is that, far from being the arbiter of taste and value, 'the public' is a mere excuse, a justification for writers, lawyers, judges, etc., to act arbitrarily under the guise of working 'for the public'. The public, according to Larra, is an entity of *fisonomía monstruosa* (monstrous physiognomy), made up of irreconcilable extremes, whose preferences are random and contradictory and whose taste is uninformed and capricious, often favouring cheats and charlatans. The ultimate judge of true merit will be posterity, not 'the public'.

Larra is here criticizing one of the aspects of the democratization of culture that came along with the Liberal Revolution, in particular the enthronement of the market and the currency of concepts as malleable as that of 'public opinion'. His criticism of the degradation of art and taste in the market place is in line with that of other European artists, who protested against the effects that industrialization had on the world of letters and challenged the emergence of false idols such as the public.[1]

The tension between an enlightened conception of his duty as a writer and the subjection of his articles to the market place was never fully resolved in Larra's writings, and is particularly evident in his late work. As a professional satirist, he was compelled to communicate a pure, unrestrained expression of his opinions, often critical of the same reading public that guaranteed his economic subsistence. It can be argued that his popularity with his contemporary audience was due precisely to the originality and incisiveness of his style, to the fierceness of a critical voice that did not shy away from pointing out all signs of vice and error, including those committed by the reader. This tension is an important thread in his work, from his earlier questioning of the concept of 'the public' itself to the symbolic image of his articles as a currency used to buy wine – and, therefore, truth – in 'Nochebuena de 1836'.[2]

This understanding of the social role of the writer (which would later be characterized as that of the public 'intellectual') was also hampered by censorship: in spite of the new freedoms that Liberalism had brought about, the successive Liberal governments always maintained some form of control over oppositional writings. The legal framework established in 1834 maintained the right to

1   See, for instance, the classic discussion of the English Romantics in Williams (48–63).
2   For a current and detailed discussion of Larra's conception of society and how it relates to his own critical perspective, see Schurlknight 2009.

freedom of speech granted by the 1812 constitution, but in practice censorship existed both at the editorial level and in the form of legal proceedings initiated by individuals against publications that were seen as threatening, in particular periodicals. The relationship with the censors is a constant feature of the *artículos*. If, based on enlightened ideals, the duty of a public writer is to disseminate the truth among the discerning public, the absurdity of the system of censorship turns the office of the writer into a constant attempt to please the censors, a situation that Larra denounced in articles such as 'La alabanza, o que me prohiban éste' or 'Lo que no se puede decir no se debe decir'). In some articles Larra ostensibly eludes political matters in order to seek shelter in the description of *costumbres* or manners, a form of writing admittedly less controversial, but one that also allowed him to convey a political message nonetheless. One such case is 'Un reo de muerte', where the description of an execution becomes a political diatribe in spite of the initial protest of the narrator, who justifies the choice of topic as a means to evade the more polemical subjects of politics and theatre reviews.

As a committed Liberal, one of the main tenets of Larra's ideology was, along with the belief in civil freedoms and equality before the law, the need for absolute freedom in the written expression of thought. This does not imply that Larra can be unproblematically pinned onto the progressive end of the Liberal spectrum (towards the end of his life he was aligned with the *moderado* party), but his demands for freedom of speech were always a constant in his life. Pernicious ideas could be better refuted in the open and the truth would always be triumphant in the eyes of the public. As he wrote in the foreword to one of his translations, 'los hombres todos deben saberlo todo. Solo así podrán juzgar, solo así comparar y elegir' (Lammenais, IV, 291).

If the industrialization of literature, the uncertainty of a changing political language[3] and government censorship were obstacles to

3   Álvarez Barrientos reminds us that early intellectuals such as Larra or José Marchena (1768–1821) had pointed out that the political revolution created a new language, and words were adopting new meanings to convey the changing realities (2011: 29–30).

the free critique of his society, the very world that Larra was depicting (the Madrid of the Liberal middle classes) was also changing rapidly. As Isabel Burdiel and María Cruz Romeo point out, during the first part of the century 'the cities became the field of political action for Liberals in a historical context which, in turn, shaped the nation as a whole' (Burdiel and Romeo, 68). The authors are focusing here on the case of Valencia: a prosperous, dynamic urban centre that had an important role in the articulation of alternative options to the collapsing absolute monarchy during the 1808–14 war. Places such as Cádiz and Valencia were also the main centres of political journalism (and often, of political action) during the first years of the Liberal revolution, before the Liberal regimes of the 1830s tried to re-route these energies towards the capital.

Madrid had always had a slightly problematic place within the group of European capitals. It was a relatively recent capital (Toledo had been the traditional seat of the monarchy until 1561), and was less prosperous than Cádiz, Valencia or Barcelona. The city was, however, being transformed during Larra's lifetime. The Liberal process of disentailment (the liberation of some of the vast stretches of land owned by the Catholic Church into the open market) had begun a process of urbanization that was changing the geography of what had been a city of convents and monasteries. New houses as well as spaces for socializing were being built in accordance with its new status as a modern, European capital.

Articles such as 'Jardines públicos', 'Las casas nuevas' or 'La fonda nueva' are acutely observed commentaries on the urbanization of Madrid. 'Jardines públicos', a short article about the opening of new public gardens in Madrid, contains an interesting (if particularly pessimistic) reflection on the lack of popularity of such spaces. According to Larra, the absence of public gardens and other forms of middle-class entertainment is related to the fact that the Spanish middle classes had always been inclined to adopt aristocratic customs while the lower classes were rooted in traditional forms of entertainment. Unlike some of the prosperous mercantile cities of the coast, the culture of Madrid was such that the population divided itself into the extremes of the opera and the bullfight,

13

but had no real interest in modern forms of middle-class leisure. Moreover, centuries of oppressive Absolutism had left in the national character, of which Madrid often appears as a metonymy in his work, a sense of pride for which the sort of public socializing and entertainment allowed by parks seemed improper. In spite of the Liberal Revolution and the new political freedoms, 'las costumbres no se varían en un día, desgraciadamente, ni con un decreto, y más desgraciadamente aún, un pueblo no es verdaderamente libre mientras que la libertad no está enteramente arraigada en sus costumbres e identificada con ellas' (see below, p. 135).

Larra here reaches the conclusion that top-down political interventions could not correct the traditional backwardness of Madrid with respect to other European capitals unless they were preceded by a deeper change in social mores. Progressive Liberal legislation could not alter the core of a society that lacked a distinctive and well-defined middle-class culture. This assessment might be debatable (we now know, for instance, according to Jesús Cruz's research, that the new public gardens in Madrid were a relative success), but it is a recurrent theme in Larra's work. Although his belief in social and political freedom was never really in question, experience showed him that a true revolution would never be fully accomplished without a deeper change in the culture and attitudes, in other words: the *costumbres*.

Satire and social critique: the *artículos de costumbres*

The articles presented in this anthology are among the most widely read and studied of Larra's works, and their common feature is that they belong to the journalistic sub-genre known as *artículos de costumbres*. These essays or sketches of customs and manners were very common in nineteenth-century Europe. The central idea was to capture scenes, places or human types characteristic of contemporary society, either as isolated sketches of urban characters published in newspapers (the early articles by Honoré de Balzac, Charles Dickens's 1833–36 *Sketches by Boz*) or as panoramic collections of social types such as *Les Français peints par eux-mêmes*

14

(1840–42), *Nederlanders door Nederlanders geschetst* (1842), *Los españoles pintados por sí mismos* (1843), *Los cubanos pintados por sí mismos* (1854), etc., both in Europe and the Americas. The early sketches (including those by Larra and contemporaries such as Mesonero Romanos or Estébanez Calderón) were predominantly urban, centred on the representation of the world inhabited by the bourgeois reader, often with satirical overtones, and can be seen as a continuation of a wider tradition of moralistic journalism such as that of *The Tatler* (1709–11). The satirical streak of these sketches ranges from the lacerating irony found in several articles by Larra to a more gentle exploration of scenes of contemporary life.

These sketches started appearing as a dedicated section of newspapers in the 1820s and, after 1835, in magazines such as *Semanario Pintoresco Español* (1836–57), as well as in collections such as *Los españoles pintados por sí mismos* (1843–44) and volumes with the collected sketches of authors such as Larra or Mesonero Romanos. The term *costumbrismo* appeared towards the end of the nineteenth century, when the *artículos* or *cuadros de costumbres* were predominantly concerned with the representation of folkloric customs, and was also applied to novels that depicted regional folklore and popular life. The characterization of *costumbrismo* presented a problem for some time: the sketches were often defined by critics as superficial descriptions of customs and manners, impartial and free from ideological bias. As a *costumbrista* who was critical of the reality that he depicted, Larra was the exception. For the nationalist historiography of the late nineteenth century, *costumbrismo* denoted a quintessentially national genre stemming from the Spanish Golden Age, a manifestation of a supposed Spanish propensity towards realism that would frame the literary canon between the realist landmarks of Cervantes and Galdós. This traditional definition does not stand up to scrutiny when confronted with the *costumbrismo* of the first half of the century. *Los españoles pintados por sí mismos*, for instance, contains many sketches with overt political messages, and some of the articles by Mesonero Romanos (such as 'El retrato') can be read as reflections upon the revolutionary process and the social transformation in Spain. Recent scholarship has underlined the ideological dimension of these texts, as well as their proximity to genres such as the essay or the theatre (Peñas Ruiz; Álvarez Barrientos, 2012; Gil Encabo). Rather than being merely descriptive or picturesque (two of the qualities traditionally associated with *costumbrismo*), the sketches are interspersed with satirical overtones and contemporary preoccupations. Like the essay, the *artículos de costumbres* denounced some of the problems linked to the political and cultural revolutions taking place and their impact on society.

There is, certainly, a great deal of descriptive emphasis in most of the texts identified as *costumbristas*; after all, they were conceived as faithful interpretations of urban modernity, from the new social types that surfaced with the revolutions to those who were being threatened with extinction by the passage of time. The new society, as a whole and in all its complexity, is the common subject of *costumbrista* sketches. They constitute a form of social analysis before sociology existed as a scientific discipline, tailored to a bourgeois reader who is aware of the shifting nature of the social world. This theme is at the core of early nineteenth-century *costumbrismo*, in articles such as Larra's 'La educación de entonces' or Mesonero Romanos's 'El retrato'. As Martina Lauster has observed in reference to the popularity of this form of periodical literature across Europe, they represent an attempt at self-knowledge, a form of deciphering the social, ideological and cultural network of the emerging urban modernity (10).

The focus on a changing reality is another of the ideas that has guided some of the most relevant critical approaches to *costumbrismo*. José Escobar coined the term *mímesis costumbrista* in reference to the urban sketches written during the first half of the nineteenth century in Spain. According to Escobar, what really differentiates the *cuadros de costumbres* from the satirical essays that appeared in eighteenth-century magazines is that the imitation of reality, or mimesis, undertook by the *costumbristas* was primarily aimed at the representation of the local and the temporally circumscribed (Escobar, 1988; Álvarez Barrientos, 2012). If the satirical essays from magazines such as *El pensador* had portrayed courtly characters as examples of human vices and errors to be ridiculed by the reader, the *costumbristas* took as a starting point the immediate local and present reality for the diagnosis of vices and errors that were peculiar to their local, historical circumstances. The frenzied pace of historical change and the new concept of society under-stood as a union of citizens with active political rights rendered the role of the satirical observer of society as that of a sketch writer, someone who, rather than advocating a universal mode of conduct, attempted to characterize and record the myriad of social behaviours found in his immediate surroundings (Álvarez Barrientos, 2012: 29).

Articles from this anthology, such as 'Empeños y desmempeños' or 'El casarse pronto y mal', deal to a certain extent with vices univer-sally targeted by satire, such as vanity or the lack of a solid education. Here, however, the satire is specifically directed at very recogniz-able institutions from contemporary society, or the consequences of recent historical developments. This is the case of the vain but impoverished socialite who becomes easy prey to pawnbrokers in 'Empeños y desempeños' (a common theme in European writers contemporary to Larra, such as Balzac and Dickens) or the naïve young woman from 'El casarse pronto y mal', whose misguided education has been caused by the political emigration of her *afrancesado* parents. Moreover, the narrator avoids the tone of the moralistic essay – apart from a brief final reflection – in order to focus on the accurate depiction of the clothes, manners, speech and attitudes that make these social types instantly recognizable to the contemporary reader.

Critics such as Susan Kirkpatrick, Joaquín Álvarez or Ana Peñas Ruiz have insisted on the modern ideological dimension of *costumbrismo* as a mirror where the bourgeoisie consolidated their values. The philosophical, technical and cultural developments of the early nineteenth century made writers aware of the need to represent humankind in realistic terms, within credible historical coordinates, and assisted by the new developments in printing. The authors of sketches insisted on the strong link between their texts and the immediate reality familiar to the reader, while declaring, in idealistic terms, the 'moral' character of their observation. 'Moral' is an important term here: one of the associations brought up by the term *costumbrismo* is that of depicting typical customs or external habits from a community. However, *costumbres* should be understood not simply as 'repeated habits' but also as a set of essential customs and manners that define the moral behaviour of a social group, nation or community (mores in English, *moeurs* in French). The study of defining customs, manners or mores had been undertaken in the previous century by enlightened magazines but also by the theatre, in particular the *comedias* by authors such as Leandro Fernández de Moratín (1760–1828). His famous play *El sí de las niñas* (1801) explored the moral dilemmas of arranged marriages, while providing a realistic representation of the characters and the action, a perfect mimesis that made the moral dimension of the play more convincing by representing a credible version of the spectators' own social universe.

This 'pintura moral de la sociedad', as Mesonero Romanos put it (vii), became an established prose genre among the pages of the periodical press during the 1830s. In 1836 Larra also reflected on the nature of this new genre in a review of Mesonero Romanos's *Panorama Matritense*. Here Larra articulated some of the defining features of the *cuadros*, with special emphasis on its moral nature and philosophical dimension. According to Larra, the sketches of customs and manners were not concerned with the universal nature of humanity but rather with an individual's character as a member of society, their true present nature being revealed to us only when observed in social interactions with fellow human beings within the conditions set by the emerging bourgeois culture. This is not the abstract human being of moral philosophy but rather the 'hombre en combinación, en juego con las nuevas y especiales formas de la sociedad en que le observaban'.

In sum, as Larra would put it in another 1836 article, 'el satírico debe comprender perfectamente el espíritu del siglo al que pertenece' (Pérez Vidal, 474). In the same article he praises autonomy and also isolation as beneficial to the detached observer of society. Although Larra may seem to be simply indicating the need for an independent standpoint from which to observe society (the literary personas or fictional narrators that he adopted throughout his journalistic work), later on in the same article he elaborates on the theme of isolation and reveals that, beyond the sardonic grin of the satirist's mask, there lies a convoluted and angst-ridden soul. The same faculty that enables him to dissect the moral core of contemporary society, magnifying all traces of vice and error under his scrutiny, turns him into a sad human being, tortured by constantly staring into the abyss of the human soul. The dramatic impact of this process of illumination, of seeking and disseminating the truth, is also present in his appraisal of writers such as Balzac, an author admired by Larra and very close to him in stylistic terms, who examined a modern, civilized society such as the French only to find a vacuum at its core.[4]

Crucially, Larra speaks here about himself, rather than about one of his literary personas, and this autobiographical and sentimental aspect of his writing has inspired critical interest in his figure ever since. At the end of this introduction we will consider the way in which, coupled with his suicide, the confessional and emotional streak that runs through his journalism has turned Larra into a legendary figure in literary circles establishing the narrative of a towering genius, tortured and isolated. This has often hampered the critical understanding and contextualization of his work. Nonetheless, the autobiographical tone and the complex layers of irony deployed in some of his articles are undeniably what have made him a more lasting figure than other writers of *cuadros de costumbres*, as well as one of the most interesting Spanish Romantic writers.

The intellectual and his masks: *El Pobrecito Hablador*

In 'El café', one of his very first attempts at journalism appearing in the first issue of his 1828 *El Duende Satírico del Día*, Larra presents his literary persona as that of a detached and sardonic observer of a contemporary, urban reality familiar to the reader. As a *duende*

4   See his two-part review of *Antony* in Pérez Vidal, 555–70.

or demon he is driven by his curiosity to the farthest corners of the city in search for material, which he takes home for reflection and mirth:

> No sé en qué consiste que soy naturalmente curioso; es un deseo de saberlo todo que nació conmigo, que siento bullir en todas mis venas, y que me obliga más de cuatro veces al día a meterme en rincones excusados por escuchar caprichos ajenos, que luego me proporcio-nan materia de diversión para aquellos ratos que paso en mi cuarto y a veces en mi cama sin dormir; en ellos recapacito lo que he oído, y río como un loco de los locos que he escuchado. (Pérez Vidal, 650)

This trope is inspired by the tradition of the satire of vices and errors typical of eighteenth-century European journalism, albeit with an added sense of exasperation and sentimental involvement that turns the *duende* narrator into an alienated voice that recoils at the vanity of human behaviour typified by the inhabitants of a café. Larra would go on to create several 'masks' or satirical narrators for his articles, culminating in Fígaro, his better known creation.

The use of satirical alter egos was a common device in eighteenth-century periodical press: a study of European magazines of the age shows a great number of goblins, demons and other winged or invisible creatures posing as observers of urban life and its absur-dities. The model for this form of observation was that set by Luis Vélez de Guevara (1579–1644) in his picaresque novel *El Diablo Cojuelo* (1641), which featured the mischievous demon of the title, a character later popularized in Europe in the adaptation by the French satirist Alain René Le Sage (1668–1747) in *Le Diable boiteux* (1707). The limping devil, or Asmodeus, according to Lauster, set 'a pattern for panoramic urban description' (130), lifting roofs off buildings to show us the secret activities of urban dwellers as well as the source of human actions. The limping devil, like the *duende*, could peer into cafés and houses undetected, and provide the reader with a panorama of human behaviour in a modern European city.[5]

5 'The shockwaves of July 1830, the Cholera, the Reform Bill, the penny periodicals and their international network, the increasing literacy of lower

In Larra's *artículos* we can appreciate the evolution from the early beginnings of the *Duende Satírico* to *Fígaro*, the alter ego that would define Larra's late journalistic work and the name chosen as a title for the volume of his collected *artículos de costumbres*. *El Duende Satírico del Día* was a short-lived project where theatre reviews and literary polemics with other periodicals took up most of the space, and there was little in the way of urban sketches apart from the already mentioned 'El café'. It was in *El Pobrecito Hablador* where, using for the most part the pseudonym of *El bachiller Pérez de Mungía* (or simply, *El bachiller*), Larra unleashed his observational qualities in articles such as 'Empeños y desempeños', 'El mundo todo es máscaras' and, in particular, the triptych of articles that are the best examples of his urban sketches: 'El casarse pronto y mal', 'El castellano viejo' and 'Vuelva usted mañana'.

El casarse pronto y mal' is, like many of his *artículos,* a masterpiece of narrative pithiness. Its structure defined the form of many of his later sketches: a brief introduction presents the author's thoughts on a specific issue, which are then explored in the sketch that follows. In this case, Larra included a long reflection on the demands imposed by the public on the writer, and the impossibility of satisfying all his readers. Afterwards, the narrator presents us with the main *dramatis personae*, who are often fictitious cousins, nephews or acquaintances of one type or another of the narrator. The characters of Augusto and Elenita are drawn with recognizable psychological coordinates: he has been educated in a household that went rapidly from embodying traditional values of strait-laced piety to a superficial version of a modern, French-style education which had, according to Larra, equally flimsy foundations. Augusto meets Elenita, a voracious reader of sentimental novels whose world view has been formed in the pages of blissful and

---

social strata, the awareness of a "young", in other words, politically radical generation rising to power through journalism in the cities of Europe, the first signs of poverty on an industrial scale, the shrinkage of space and time effected by the railway and the telegraph – all these factors came together in the idea of a supranational spirit of the times whose incarnation was Asmodeus, the figure representing overviewing and penetrating vision and an acute ability to diagnose the state of the contemporary European body' (134).

idealized romances. Both characters are 'types', exaggerated but based on easily identifiable traits gathered from the social world (spoiled young) as well as the literary tradition (Elena's 'madness' comes from having read too much, and there are clear quixotic resonances in the manner in which she reads insalubrious books 'con la más desatinada afición que en el mundo jamás se ha visto' (see below, p. 76)). There is also an important biographical aspect, a recurring feature in Larra's sketches: Augusto's education echoes Larra's own childhood and his early education in France, and the marital problems between Augusto and Elena mirror Larra's own marriage breakdown.

Elena and Augusto fall in love and, in spite of the opposition of Elena's father, who is unconvinced of Augusto's means to support a family, they marry and embark on a life together. Three years into their marriage, their relationship starts to crumble: they descend into poverty and soon resent each other, which leads Elena to seek solace in a friend of Augusto's. Augusto discovers the affair, shoots Elena and his friend and, after writing to his mother asking her to take care of the education of his children, pleading that they are educated in solid values rather than in the senseless rejection of old habits, kills himself.

The final part of the article, which Larra suppressed in the final version that appeared in his collected essays, is a reflection on the issues raised by the sketch. The narrator explains the intention behind the sketch: to convince young people of the need to be discerning when adopting foreign customs and fashions, for although the principles of freedom on which Elena and Augusto made their erroneous decision are not wrong in themselves, they are incompatible with the specific circumstances of Spain. Although the values of complete freedom are desirable, trying to adopt French customs (or, at least, the customs that appear represented in literature) in Spain, a country with a different social and cultural milieu from that of France where those customs had developed over the centuries, is, according to Larra, a recipe for disaster.

One of the bitter ironies of the story is that a love affair that set out to be the enactment of an idealized vision of romance as it appeared in French sentimental novels, where virtue and sensibility are always triumphant, is ultimately played out as a tale of offended honour and marital revenge, almost as a Spanish Golden Age drama. The superficiality in applying a series of ideals (such as the primacy of feeling) gleaned from literature leads the characters to enact an exaggerated version of its opposite: the violent enforcement of the honour code as it appears in some of the plays of Lope de Vega or Calderón de la Barca, albeit with a different final resolution, where the vengeful husband resorts to suicide.

If 'El casarse pronto y mal' is a warning against the ill effects of mimicking foreign customs, 'El castellano viejo' can be read as a satire of the mindless preservation of traditional Spanish customs unaffected by the passage of time. The sketch, framed this time by two very brief reflections, consists of the grotesque description of a dinner party attended begrudgingly by the *bachiller* himself. The host, Braulio, is stereotypical of a certain kind of traditional, defiant Spanish frankness; a mentality that imagines all forms of etiquette and pleasantries as fancy foreign imports. For Braulio, casualness and lack of ceremony are defining features of the Spanish national character. His frankness is exaggerated to the point that his behaviour is represented as comically boorish, and the party soon descends into chaos owing to poor planning and the host's lack of experience in basic and modest decorum during meals. Significantly, in addition to the various violations of the narrator's physical space and the multiple ignominies suffered at the table, the final horror to which he is subjected is the vehement request for poetic improvization: after having sacrificed his personal freedom and his stomach to Braulio's vulgarities, the final humiliation is to be made to lend his poetic muse to the celebration of what has been portrayed, ultimately, as a banquet from hell.

The characterization of Braulio is exhaustive and achieved in several ways. The rowdy manner in which he greets the narrator, his speech and the deadpan sarcastic remarks uttered by Larra's alter ego would have been enough for the contemporary reader to form an idea of the 'type' described. But Larra also included a digression about the host's class, education and his fatal character flaw:

23

an unchecked sense of national pride that leads him to consider social gallantries and politeness as superfluous hypocrisies and to assume that any true middle-class Spaniard should feel comfortable with his down-to-earth approach to entertaining. The experience creates a sense of alienation in the satirist, who observes not only the vices and errors of his fellow *madrileños*, but suffers their effects first-hand. The final paragraph extends this observation to the whole of society, which appears to Larra as fragmented formed of people from the same nation, class and mental faculties but with diametrically opposed *costumbres*.

The same tragicomic criticism of traditional customs and manners is found in 'Vuelva usted mañana'. A French visitor to Spain (comically named 'Monsieur Sans-Delai') arrives with a plan to cut through bureaucracy and invest his money within a time frame of 15 days, only to spend several months entangled in layers of red tape, inertia, mistrust and widespread laziness. The satirical gaze of the narrator is unrelenting in its panoramic survey of a culture dominated by sluggishness, from the shoemaker to the solicitor, from the genealogist to the narrator himself. The comical overtones of his astonishment at having his requests repeatedly met with a 'Vuelva usted mañana' develop into a much more bitter diatribe towards the end, where the narrator's voice accuses the mentality that keeps his country in a state of stagnation by holding on to traditional mores and attitudes.

Larra ends the sketch by poignantly addressing the *perezoso lector* and declaring that he has himself struggled with the text for days, that his own laziness is such that he sleeps until the afternoon and spends the days idly sitting at a café, and that if he has not killed himself yet it is simply out of laziness, rather than due to a lack of desire to do so.

'Vuelva usted mañana' addresses, in a peculiar way, one of the main tasks envisaged by the Spanish writers of *costumbres*: to counter, via the realistic representation of social life, the erroneous image of Spain formed by foreigners. Against the fictional representation of Spain by the European Romantics, *costumbristas* such as Larra or Mesonero wrote their sketches as 'faithful' representations of a country that had been misrepresented in European fiction and travel literature. Larra alludes to this Romantic image of Spain when, at the beginning of the sketch, he points to the way in which foreigners often take Spain to be either a barbaric, semi-African country on the edge of civilization or a place where the chivalric virtues of valour and gallantry are still alive, a sort of repository of the medieval values that the Romantics were so fond of.

Monsieur Sans-Delai represents a foreigner's inability to penetrate what Larra considers the true nature of Spain: lazy and apathetic. More specifically, however, his presence adds an outsider's perspective to the story, one that complements the knowing familiarity of the narrator with the widespread social apathy prevalent in his country with a sense of bewilderment at its discovery. The use of multiple perspectives with contrasting levels of familiarity on the subject is a well-known technique in the tradition of moralistic literature, an example of which is José Cadalso's *Cartas Marruecas* (1789), where the examination of Spain and its problems is undertaken by the characters of an African scholar, a young African living in Spain and a Spaniard. In this case, as in others, Larra is presenting us with two pictures that are in apparent contradiction: on the one hand he challenges the observational capabilities of European travellers, who rush into superficial appreciations of the country; on the other, it is precisely the perspective of the outsider, comically confounded by the national idiosyncrasies, that best illustrates the depth and spread of the very real problems underpinning the stereotypes.

A comparison with other articles such as '¿Entre qué gentes estamos?' throws some light onto this apparent contradiction. In both sketches, Larra does not challenge the national failings identified by the foreigner, but both can be read as qualifications of their respective stereotypes, and in particular of the inability to understand the causes and historical reasons of the *costumbres* identified. In '¿Entre qué gentes estamos?' the narrator's French acquaintance marvels at the rudeness of Madrid when answering a gentlemen, at the fact that upper-class young men play billiards with porters, and that everyone addresses each other with the familiar tú. The deduction from this observation – that Spain has achieved an almost utopian level of freedom and democracy and all men are equal – is called into question by Larra, for whom the perceived dissolution of class in Spain is not the result of a social revolution, but rather the symptom of an underdeveloped civilization where the urban bourgeoisie has not developed a distinct class culture of its own. Likewise, in 'Vuelva usted mañana', Monsieur Sans-Delai clearly distinguishes the contours of certain national traits or *costumbres*, but is not able to penetrate their peculiar social and cultural roots.

As Susan Kirkpatrick points out, '"Vuelva usted mañana" also contains a warning towards governments that do not attract foreign talents and investment and it identifies laziness not so much as an essential national trait but as a feature that has been absorbed by the people due to the culture of the elites' (1977: 225). In a similar way to the stubborn intransigence of characters such as Braulio in 'El castellano viejo' who refuse to accept new ways, laziness is linked to one of the overarching causes for some of the peculiar customs and manners identified in the capital: the influence of both decadent aristocratic customs and the rowdy manners of the lowest social strata on middle-class urban culture.

Modern Spaniards are neither the uncivilized barbarians conditioned by centuries of Muslim rule over Iberia, nor the valiant knights portrayed in medieval literature and revered by the European Romantics. The reality, Larra seems to say, is rather more prosaic: because of 'el clima y otras causas' (political causes, if we follow Kirkpatrick's argument, but also by the lack of class differences), Spanish culture as a whole is dominated by apathy and a foolish sense of pride that hinders progress. Today's connotations of *mañana* sometimes obscure the deeper sense acquired by the term in the story. *Mañana* also taps into the Enlightened idea of linear progress and modernization (symbolized by Monsieur Sans-Delai's investment plans), an ideal that is rendered illusory by the society depicted in the sketch, in expressions such as 'tanto mañana, eternamente futuro' or 'ay de aquel mañana que no ha de llegar jamás'.

The idea of the historical decline and stagnation of Spain – what Richard Kagan termed 'the Prescott paradigm', in reference to the American historian Prescott – would become an important topic later in the century, both in Spain and abroad. End-of-century intellectuals would often look back at Larra as the author responsible for some of the most perceptive diagnoses of the ills of the country. However, Larra's critique of national vices has to be considered in the context of one of his key preoccupations at this time: the relationship established between freedom, culture and social progress. He left his impressions on the subject in some of his famous essays written in 1836: 'Literatura' (1836) or the review of Alexandre Dumas's *Antony*. In 'Literatura' Larra examines the perceived decline of Spanish letters from the era of grandeur during the Golden Age to a present dominated by translations of foreign works and escapist genres. He establishes a connection between the loss of political freedoms that took place with the arrival of Hapsburg Absolutism and the decline in the quality and relevance of national literature. The emphasis of the article is not on the correlation between despotism and the cultural decline of Spain, which was a well-known idea among Liberal circles, but rather on qualifying the idea of progress, not as a race towards a monolithic modernity modelled on France, but rather as an organic evolution commensurate to the historical circumstances of the nation. In 'Literatura' and 'Antony', like in 'El casarse pronto y mal', the emulation of foreign cultural mores is seen as disastrous for both literature and society if it is not preceded by deeper transformations.

This point is reinforced in articles from the periodical *El Pobrecito Hablador* which often return to the idea of the cultural peculiarities of Spain, such as 'Carta a Andrés escrita desde las Batuecas'. Other sketches are concerned with aspects of modern urban life common to other European capitals and which feature thematically in the work of other European writers of sketches, such as the portrayal of the pawnbroker in 'Empeños y desempeños' or the masked ball in 'El mundo todo es máscaras'.

The bourgeois masquerade was a social event that had been the object of rapturous popularity, legislative scrutiny and a complex and diverse literary portrayal since the eighteenth century. Not to be confused with the popular Carnival, the masked ball was fashionable among the urban elites owing to the playfulness allowed by the use of disguise: from games aimed at guessing the identity of the guests to the possibility of the carnivalesque subversion of social and sometimes gender roles. Writers often denounced the promiscuity and sexual licence allowed by the masquerades, and in Spain they were repeatedly (though unsuccessfully) forbidden by ecclesiastical authorities.

Larra's critique of the masked ball does not follow the general eighteenth-century discourse, which emphasized its immorality or the perceived risks to honour. Here, the description of the masquerade dwells on the banal and pedestrian character of the event. The house is crowded, the dance poorly coordinated, and some of the guests appear to be there due to a sense of obligation and vain pretence rather than to enjoy themselves or pursue love intrigues. This leads Larra to a diatribe against the herd mentality prevalent among the *madrileños*. In spite of an initial comic episode where, thanks to his plain domino disguise, the narrator is mistaken for a lover by an unknown girl, the ultimate disguise seems to be the pretence by some of the guests to be involved in the sort of love capers that eighteenth-century sentimental novels had warned against in their description of masked balls.

This final reflection is a starting point for the second part of the article, where the motif of the mask adopts a wider significance. The pretty but deceitful damsel or the cruel man that the narrator's gaze isolates from among the guests are both wearing redundant disguises, since their faces are the most perfect masks to conceal their true immorality. The narrator then falls into a sudden sleep and a dreamy vision ensues where Asmodeus, the flying demon of the satirical tradition, appears to him and invites him to fly over the magically transparent roofs of Madrid, a well-known literary device that allows him to present to the reader a panorama of the private life of the city's inhabitants. The Asmodean panorama shows the narrator that disguises are an integral part of social life by unveiling what is behind several 'masks': the old and ugly lurking behind layers of make-up and dye; the greed behind the mask of the learned lawyer; the happiness concealed beneath the sad grin of the mourning friend, and so on. Theatre itself is the most perfect masquerade, with vulgar actors pretending to be tragic heroes and the stage as the vortex of the world of illusion and appearance that is the metropolis. Although there are similarities in tone here to the Christian tradition of literature opposed to theatre and masks, the use of masks as a trope in Larra has its roots in the denunciation of urban vices and errors. Whilst, according to many religious authors from Tertullian (160–225), on theatre and masks were a perversion of God's gifts to humankind, Larra and other contemporaries deployed images of carnival and theatre performance for the critical depiction of a fundamentally duplicitous moral landscape, such as in the recurrent use of disguises in the first etchings from Francisco de Goya's *Caprichos* (1799).

The late articles: Fígaro

The interest in theatre as illusion and its resemblance to the social body itself is carried on to a fuller extent in the articles that appeared later on in the *Revista Española* from 1833, when Larra started using the pseudonym that would stay with him for the rest of his career: Fígaro. After abandoning his personal project of *El Pobrecito Hablador*, his writings became increasingly concerned with theatre: reviews, but also articles about the regeneration of Spanish theatre. This interest coincided with the debates originated by the emergence of Romanticism as a movement that pushed for freedom in the arts, in opposition to the classicist perspective that privileged the street imitation of classical models of playwriting.

As Kirkpatrick points out, the persona of Fígaro (whose name was inspired by a character from an opera by Pierre Beaumarchais) adopts a more sophisticated relationship with the public than *El Pobrecito Hablador*. Fígaro is still represented as a hyperactive, scathing satirist, but in the introductory article to his new persona,

29

Larra also makes reference to an anguished moral conscience lurking behind the mask of the buffoon. Rather than a mere fictitious narrator, Fígaro can be seen as the alter ego of a troubled writer, a mask whose grin reveals some inner pain. This tortured self is not so much the 'real' Larra but rather a further layer in the same literary figuration, but the fact is that irony is more central to the voice of Fígaro than in previous narrative devices. As Kirkpatrick puts it, the articles where Larra signed as Fígaro can be seen as a gradual progression from the voice of the cheerful philosopher to that of the weeping clown (1977: 237).

In parallel to the new complexity inherent in his new *nom de plume*, the structure of Larra's articles becomes more sophisticated and open to ambiguities. Kirkpatrick also points out how new narrative models that enrich the format of the sketch – the mock-scientific parody of Carlism in 'La planta nueva o el faccioso', the vision or literary dream in articles such as 'Los tres no son más que dos', 'Cuasi' and others – create further layers of ambiguity in relation to the model of 'El castellano viejo', where the relationship between the initial reflection, the sketch or *cuadro* and the narrator's moralistic conclusion is relatively unproblematic (1977: 244–5). The literary dream, although allegorical in nature and still eminently rooted in the moralistic tradition, lends itself to a more equivocal relationship between irony and moral discourse. A dream, albeit ostensibly a narrative device deployed to satirize social and political realities, adds a radical ambiguity to the episode. In the articles where Fígaro presents the sketch as a dream or nightmare, the narrator has lost control over his vision; he is not traversing the streets and cafés in search of materials, but rather these appear to him as a revelation stemming from the depths of his mind, one that, owing to its 'involuntary' nature, he has to decipher alongside the reader. But even the articles from this period that are still based on relatively straightforward social observation can be seen as richer in complexities and ambiguities: '¿Entre qué gentes estamos?', 'La sociedad' or 'Un reo de muerte' present multiple perspectives and thematic shifts that also speak of a new relationship with a shifting present as well as with the intended reader of the articles, who now has an active role in trying to understand the text and its layers of irony.

As an observer of urban life, Fígaro continues to offer in his articles a panoramic of life in Madrid, intersecting it with moral observations just as in 'El castellano viejo' or 'Vuelva usted mañana'. This time, however, the gaze of the satirist is even more attuned to the changing social phenomena, new institutions and social customs that can be read as manifestations of deeper cultural features and transformations. Articles such as 'La fonda nueva', 'La diligencia', 'La vida de Madrid', 'Los calaveras' or 'Modos de vivir que no dan de vivir' are pieces of social observation full of urban types and a panoramic survey that dissects the social reality of Madrid, but with some of its attention diverted to recent and significant changes in the urban landscape. A new restaurant, the first-person account of a stagecoach trip or the visit of one of the narator's many fictitious 'nephews' are starting points for the critique and analysis of evolving social customs and the tongue-in-cheek satire of urban idlers and hangers-on. The higher degree of personal involvement in the persona of Fígaro starts to become evident in some of these articles, too: 'Modos de vivir', for instance, presents a bitter panorama of menial urban types, such as the meddlesome cobbler or the rag-and-bone woman, a former prostitute. This moral tableau of types condemned to scrape a living at the margins of Madrid's society is completed by Fígaro himself in a final, hyperbolic twist, in which Larra asserts that the most insignificant job is that of the public writer, given that the public is only formed of a handful of people and the only possible reward (posthumous glory) is always uncertain.

Larra's questioning of his own role as a journalist had always been a constant ever since the early '¿Quién es el público, y dónde se le encuentra?' What is now creeping into his articles is a deeper sense of alienation from his fellow humans which can be read as part of a personal and ideological crisis, but can also be connected to Romantic subjectivity and the literary convention of Romantic irony: breaking the spell or 'fourth wall' of reading via the reflection on the creative act itself, and the questioning of the link

31

between words and reality, and between the self as a literary fiction and society.[6] Many readings of this period of Larra's work assume a personal crisis of belief that affects his political ideology, his personal life (the break-up with Dolores Armijo) and ultimately his own faith in the reforming powers of literature. But if we consider this evolution instead as a more controlled use of the convention of Romantic irony, the disappointment with the medium of journalism itself can also be seen as a strategy to move the reader rather than an admission of his impossibility of doing so.

In the late articles, the persona of Fígaro is significant not just as a satirical lens through which to observe society but also as a mirror in which to consider Larra's own condition as a public writer. In general terms, Larra did not write many observational sketches in 1836. This was the year when he returned to Spain after his European travels and, after losing confidence in the revolutionary project embodied in Mendizábal's ministry, had a brief and disappointing stint at parliamentary politics as a deputy for Ávila in a short-lived parliament. Even though he did not pen a great number of urban sketches, he did write some of the most important essays and literary reviews for the understanding of his ideology, such as 'Literatura', 'De la sátira y los satíricos', 'Los barateros' or the reviews of Dumas's *Antony* and Mesonero Romano's *Panorama Matritense*. However, in two articles written shortly before his death Larra encapsulated many of these preoccupations in a format reminiscent of the early urban sketches, albeit with a greater doses of subjectivity and self-reference.

The last two articles in this anthology are some of the most interesting ones in Larra's short journalistic career, and they played an important part in the creation of the whole mythology around Larra that we will consider in the following section. 'El día de difuntos

6 'Romantic theorists saw irony as a device to foreground, within the aesthetic artifact itself, the processes of aesthetic production and reception. A specifically Romantic irony can therefore be said to be present when texts become self-reflective about their construction as texts and authors show genuine scepticism about their own aesthetic control of their products. Ironic texts confront their audiences, shattering the facade of aesthetic illusion and acknowledging the artificiality of aesthetic experience' (Handwerk, 206).

de 1836' and 'Nochebuena de 1836' were not his last two articles (he still wrote a few more before his suicide early in 1837) but they have been traditionally read as the culmination of a personal crisis that is echoed in his writing and in the persona of Fígaro. 'El día de difuntos de 1836' begins as many of his earlier sketches would: a personal reflection of a melancholic *Fígaro* gives way to a walk around Madrid where a particular object catches the attention of the satirist. In this case, the topic that attracts *Fígaro*'s attention is the custom of visiting cemeteries on All Saints' Day. His walk around Madrid is, however, an allegorical one: he warns his fellow *madrileños* that there is no need to visit a cemetery, since they are all dead already and the city is a vast graveyard. Whereas in previous sketches *Fígaro* would contrast his initial reflection with what he could observe in his travels around the city, here a previous insight precludes the need for social observation: Madrid is represented as a symbolic graveyard where the hopes of the Liberal Revolution lie buried. The symbolic epitaphs mark the death of some of the pillars of the new Liberal regime: the war against the Carlists, the national finances, the freedom of the press, the attempts to abolish the Inquisition, etc. After a comprehensive walk around the city/ cemetery he encounters a last tomb, this time inside himself, where, according to the epitaph, hope lies dead and buried.

The article is peppered with direct and offhand references to contemporary politics and the tortuous history of early Spanish Liberalism, and concludes with bitter irony directed at Larra's own literary persona, who shows how the metaphorical wasteland extends deep into his own heart. The image of the heart of the author itself being empty of hope extends into the final article of this anthology: 'Nochebuena de 1836', subtitled 'Yo y mi criado. Delirio filosófico'. Larra once again takes the format of the urban sketch to the realm of hallucination: what starts as a particularly scathing survey of Madrid on Christmas Eve turns into a surreal 'philosophical delirium' where other essayistic discourses (the literary dream, the philosophical dialogue) are interwoven with the satirical voice of the urban observer. The fictitious observational walk around Madrid ends when the narrator returns home to find his servant drunk, significantly, with wine bought with coins obtained through the sale of Fígaro's articles ('tenían el busto de los reyes de España; cualquiera diría que son retratos; sin embargo, eran artículos de periódico'). The servant – inebriated by the only tangible result of Fígaro's writings, but also having symbolically consumed them – starts a condemnatory diatribe against his master intersected with the cries of the narrator pleading him to stop.

Sparked by the narrator's declaration of pity about his drunken stupor, the servant's tirade against his master is one of Larra's high points. The servant accuses Fígaro (and, arguably, Larra himself) of hiding a tortured conscience plagued by guilt and impotence under the guise of sarcasm and vanity. Betrayer of lovers, friends, family, readers and political ideals alike, Fígaro is represented as a pawn subject to passions and impotence, always trying to please his readers while making fun of them, and critical of tyranny only until he manages to acquire enough power to become a despot himself. While the servant can live a happy, contented life, his master's social standing makes him easy prey to pawnbrokers, and his relentless thirst for knowledge leaves him in a constant state of anxiety and disturbance. The final accusation carries perhaps the strongest condemnation of the narrative persona of the *artículos*: Fígaro makes up words that purport to be, all at the same time, feelings, sciences, arts, etc., only to realise that they are simply words, inconsequential and interchangeable. Ultimately, the very substance of the articles, according to the servant's accusation, are empty words with which to gain a position in the political and economic market place while trampling on the very same enlightened values that they apparently defend.

The suicide of the author months later only contributed to the perception of this article as a confessional text, in which Larra experienced a moment of extreme lucidity prior to his departure from this world. In a more nuanced view, John Rosenberg takes the concept of delirium, from the subtitle of the article, as suggestive of extreme alienation: the voice of the satirist – often divided between the derision of its surrounding world and the need to reach out to it through language – reaches a state of extreme subjectivity where

34

the alienation of the self does not lead to the incisive critique of the *duende* but rather to the despair and nihilism reflected in the voice of the servant (Rosenberg, 380). If the satirist has a privileged standpoint from which the centres of social life can be observed, extreme alienation and introspection lead him to extreme self-consciousness and pessimism in his surroundings, which are reflected in a more or less rhetorical crisis of faith in the redeeming powers of literature and the public use of reason.

The use of the second-person singular throughout the servant's speech only reinforces the impact of the final part of the article, with the pronoun 'tú' adopting both an accusatory and a confessional tone. Larra's constant use of irony throughout his work emphasized, among other things, the narrator's own fallibility and his own identification with the same traits criticized in his satire (laziness, vanity, etc). The shifting perspectives and complex levels of irony present in 'Nochebuena de 1836' represent one of Larra's more lasting literary achievements, and his untimely death only served to contribute to an almost mythical reading of his work by successive generations of intellectuals, who saw in Larra not just the first modern *periodista* but also a pioneer in the critical depiction of society.

Larra's legacy

Although Larra was a well-known writer during his lifetime, his suicide early in 1837 left a lasting legacy, greatly influencing the way in which later generations remembered his oeuvre. The Romantic interest in suicide as a final, theatrical gesture of desperation with this world, but also the striking parallelism between the anguished tone of some of his late articles and the tragic end of his life turned Larra's death into an object of morbid fascination.

Literary tributes appeared as early as 1837, when several articles and poems about Larra were written in Spain and Latin America, including a play implicitly based on his death: José María Díaz's *Un poeta y una mujer*. If the rich tradition of scholarly interpretation has established Larra as one of the key authors of the Spanish nineteenth century, the importance of Fígaro in Spain's collective imagination is also due to his posthumous appearance in a wide range of fiction, drama and poetry. Authors such as Patricio de la Escosura, José Martínez Ruiz 'Azorín', Carolina Coronado, Benito Pérez Galdós, Luis Cernuda and Francisco Nieva, among many others, wrote about and even turned Larra into a character in novels and dramas (Romero Tobar; Aymes; Benítez). The history of the image of Larra in works of fiction and intellectual discourse is beyond the remit of these pages, and it is more revealing of the ideological background of the interpreters of his work than anything else. Nonetheless, there are some key ideas in the interpretative history of Larra which can be illuminating for the understanding contemporary cultural debates in Spain.

Very shortly after his death, the young poet José Zorrilla wrote the eulogy *A la memoria desgraciada del joven literato don Mariano José de Larra*, where he claims that Larra decided to take his own life due to a 'porvenir vacío / vacío ya de ensueños y de gloria' (Zorrilla, 1). Read at Larra's burial, this poem was the first in a long thread of texts that praised the satirist's significance while attempting to 'diagnose' the cause of his suicide. This was often framed as a typically Romantic extension of his literature into his own life, a continuity between the literary persona of Fígaro and Mariano José de Larra himself, thus turning his final gesture into his last work: a final indictment against his contemporary society.

In 1843, Larra's friend Cayetano Cortés wrote a biographical semblance of Fígaro as a foreword to a posthumous edition of Larra's complete works. Cortés focused on his literary achievements and recognition among his peers, while hinting at his deep emotional problems and misanthropy. Rather than the threat of a 'porvenir vacío', Cortés laments a life cut short, a sad and premature ending that deprived the nation of future literary treasures. Larra's potential was wasted, Cortés argues, because of his mistaken love for a married woman: 'el amor culpable que concibió por una mujer casada' (Cortés, XV). Cortés also provided the version of events that is still accepted with little variations: on the evening of 13 February 1837, after a day visiting family and friends, Larra received a visit from Dolores Armijo and a friend. His former lover made clear that she was keen to terminate their love affair forever and, in spite of Larra's appeals, left the house for the last time. Hardly had the pair left the courtyard of the house, when they heard the shot of Larra's pistol. He had shot himself in the head.

One of the key issues at stake in later interpretations of Larra's suicide (and, to an extent, of his work and legacy) is already hinted at in the versions of the poet Zorilla and the friend Cortés: was Larra's final gesture due to a 'historical' dissatisfaction with the current state of his society and his own role as a writer, catalysed by Dolores Armijo's rejection. Or, on the contrary, was it a 'personal' crisis, purely spurred by his passions and deeper psychological problems? Put in even cruder terms, did he kill himself for a woman or for Spain? As early as 1837, other writers had started to ascribe patriotic symbolism to the suicide, such as the Argentinian Juan Bautista Alberdi, who declared that '[e]ste talento inimitable se ha quitado la vida; se ha dicho que por una mujer. Lo creemos, pero esta mujer para nosotros es la España' (quoted by Aymes, 47). Not all posthumous appreciations of Larra were positive: critics as influential as Alberto Lista, Antonio Ferrer de Río and Marcelino Menéndez Pelayo were more negative in their appraisal, either criticizing his work as ultimately inconsequential or condemning his suicide as the impious act of a slave to passion (see Aymes, 47–60, for a partial overview). However, the vindication of the memory of Larra around the centenaries of his birth and death contributed to his canonization as a central figure in the history of literature, but also to the myth of the isolated genius deeply pained by the troubles of his country.

The image of Larra as a patriot and a visionary whose death could be, to a bigger or lesser extent, understood by the conflict between his modernizing vision for Spain and a reality marked by inertia and stagnation was one that exerted a considerable force over twentieth-century intellectual discourse. Towards the end of the nineteenth century, a time when national regeneration was a recurrent theme – partly spurred by the loss in 1898 of Cuba and the Philippines (the most significant remains of the old Spanish

37

Empire) – a group of intellectuals with a deeply essentialist view of Spain and its historical fate read Larra's work through their own concerns, picturing him as a visionary preaching in the desert, alienated by the apathy of his contemporaries. The most famous enunciation of this idea came later, at the centenary of his death (1937), during the Spanish Civil War, but it had already circulated in the early 1900s, when writers such as Azorín, Pío Baroja or Carmen de Burgos honoured Larra's birth.

José Martínez Ruiz (Azorín) lamented the little attention given in the press to Larra's suicide, defended its symbolic significance, and praised Larra as 'el único hombre moderno de su tiempo en España' ('the only modern man of his time in Spain') (*Rivas y Larra*, 165). His novel *La voluntad* includes an autobiographical episode in which the author, alongside other fellow writers, visits Larra's tomb on his anniversary. The extent to which Azorín projects his own ideology onto Larra is notorious, presenting him as the quintessential 'Castilian man' for whom life, work and tragic suicide are radically interwoven: 'Larra es acaso el hombre más extraordinario de su siglo, y desde luego el que mejor encarna ese espíritu castellano, errabundo, tormentoso, desasosegado, trágico ... Fueron en él acordes la vida, la obra y la muerte...' (*La voluntad*, 142). Considered by Azorín as the *maestro* of the young people of his time, the image of Larra is distorted by Azorín's own preoccupations. The satirist is presented as a universal indictment of national apathy, and characterized as 'ni liberal ni reaccionario', an attempt to depoliticize his work which relegated his involvement in party politics to a secondary place.

The perception of Larra around his anniversary was not univocal: Carmen de Burgos's biography of Larra (1919), which, paradoxically, displayed an emotional bond between the biographer and her subject while providing a measured and rational investigation of the writer, was a leap forward in the reconstruction of his life. Although the author tentatively suggests, like Azorín, that Larra might have been interested in a project of national regeneration akin to the one inspiring the writers and intellectuals of the early 1900s, she makes a point of disentangling the reading and interpretation of his work from his tragic death: 'El suicidio de Larra nada quita ni añade a su mérito de escritor. Es una cosa aparte, completamente, que no influye en su labor para nada' (Burgos, 262).

Central to the conception of Larra as an isolated modernizer preaching in a desert of apathy is the concept of the 'two Spains'. An idea popularized by early twentieth-century essayists, the myth of two essentially different 'Spains' living alongside each other throughout history – one conservative and parochial and another Liberal and open to the world – had its most successful enunciation in the poetry of Antonio Machado, the essays of Miguel de Unamuno, and also in the works by historian Ramón Menéndez Pidal. The argument ran that Spain was marked by a deep-seated dualism between two separate essences or national characters, an anomalous division rooted in the very origins of the nation but particularly recurrent since the late eighteenth century, which partly explains Spain's tragic problems and differences with Europe. After the Civil War (the final manifestation of the two Spains) national regeneration required a reintegration of the two separate factions. The same mythologizing of the history of Spain could be said to be at work in more recent accounts of the Spanish transition to democracy during the late 1970s as an exemplary, civilized transition from a dictatorship to a modern European democracy which was successful at reuniting the 'two Spains' in a peaceful compromise, and which also allowed the country to join European modernity.

The initial historical overview at the beginning of this book gives an idea of how tempting this assumption is: it makes the complex series of civil wars and social upheavals that characterized the nineteenth century an intelligible narrative whose end result would be the Civil War of 1936–39, a final confrontation of the two Spains and proof that these were two irreconcilable extremes. Although this idea still has a certain vigour in popular mentality, it was arguably a powerful trope or image deployed mainly by essayists and writers rather than a proper historiographical tool. The fact that the image simplified both the complex genealogy of Spanish political parties through the centuries as well as the

39

shifting ideological grounds for opposition has been pointed out since the 1970s (Callahan, 157). The current use of the trope among historians relates not so much to a deep-seated social division among Spaniards, but rather to a more localized set of antagonistic discourses or national mythologies originating in the nineteenth century (Álvarez Junco, 263) Likewise, the concept of the two Spains as distinct social realities was ultimately predicated on a belief in the historical exceptionality of Spain, an assumption that modern-day historiography does not deem fit for purpose (Ringrose; Kagan).

Larra became a key figure in the two Spains argument around the time of the Spanish Civil War. Unamuno and Machado had previously elaborated on the biblical theme of Cain and Abel as a parable that could explain the character of Spain and its intellectual stagnation, with the 'Cainic' spirit of Spaniards, envious and fratricidal, as one of the reasons for the country's maladies. Machado himself, the poet who perhaps best summarized the trope in a famous poem, was also the first one who linked this tragic conception of national history to Larra. In 1937, in the midst of the war, Machado wrote that 'anécdotas aparte, Larra se mató porque no pudo encontrar la España que buscaba' (Machado, 9).

Menéndez Pidal, in an historical essay published a decade later, presents Larra as testimony of the existence of the motif of the two Spains in the early nineteenth century. Fígaro's visit to the cemetery in 'El día de difuntos' includes an allusion to the symbolic grave of the ministries or government offices, in front of which the narrator famously declares that 'aquí yace media España; murió de la otra media' (Menéndez Pidal, xciii).

Menéndez Pidal's historical essay on the nature of Spain and the Spaniards is informed by nationalist mythologies that led him to locate the origins of the 'trágico dualismo' that lies within Spanish society to the Punic Wars fought between Rome and Carthage in the Iberian Peninsula from 264 to 146 BC. His essay contains one of the most successful enunciations of the myth of the two Spains as social realities: an exceptional ideological extremity that 'separa unos españoles de otros, quebrantando la unidad moral

40

de la coletividad' (lxxi), but his appropriation of Larra has to be questioned. Looked at from the historical hindsight of the 1940s, with the Civil War still resonating in recent memory, it would have been tempting to see these words as a visionary warning of the events of 1936, or at least the identification of a radical flaw in the nation itself, but there are several problems with this interpretation. Menéndez Pidal interprets Larra's vision as relating to the Carlist Wars and the *progresista* uprisings, but we need to bear in mind the specific context of the sentence and what it relates to: the government ministries. Any interpretation that seeks to find a comment about the essential nature of Spain in these words needs to make sense of the full context of the quotation, since it could be referring to many disparate issues from the shift in ministries after the 1836 rebellion, to the authoritarian nature of the ministry of Calatrava, to bureaucratic laziness (where *yacer* does not imply death, etc.), or any other topical subject such as the ones that are, after all, the main substance of the article. Death in this article tends to be symbolic rather than physical (the abolition or failure of political and national projects) but, perhaps more importantly, a careful reading of Larra will reveal a concern with several groups into which Spaniards can be divided, but these are playful taxonomies that change according to the article: sometimes they are about social class, sometimes about specific cultural attitudes or habits, and almost always with the city of Madrid as a framework. They are never divided into two ideologically opposed groups, as the two Spains trope implies. Articles such as 'En este país' can also illustrate Larra's critical views of those who blame their own shortcomings on essential national traits, or who view the problems of Spain as unique in the European context.

The incorporation of Larra into essentialist discourses of national regeneration was challenged by later voices that, however, attempted to ventriloquize him for other purposes. The article by Juan Goytisolo, 'La actualidad de Larra', written from self-imposed exile in France during the Franco years, was a milestone in the construction of a twentieth-century image of the satirist. Goytisolo is critical of the essentialist and 'universalist' interpretation of

41

Larra by end-of-century intellectuals, some of whom, like Azorín, tried to depoliticize Larra and present him as a patriot who was beyond party politics. Instead, he vindicates Larra as an intellectual engaged with his times. Goytisolo was ostensibly using the example of Larra as an intellectual such as himself, exiled by choice from his native country and isolated from mainstream discourse. In 'Escribir para el público', a later article from the same collection of essays, Goytisolo would imitate Larra's style, deploying a very recognizable 'Larrian' irony for the tongue-in-cheek critique of the role of the public writer under Francoism.

Whilst Goytisolo's reading convincingly repoliticizes Larra's work, locating it in the midst of everyday political debate, he also continued with the line that considered his suicide almost as part of his work, a final coda on his accusatory writings and a tangible proof of the gap between his insightful vision for the county and its stark reality. Goytisolo regularly made use of historical figures in order to project his own voice as part of a historical trend of exiled dissidents. As an author who adopted from early in his career the position of a universal dissident self-banished from the main centres of power, he fashioned himself as part of a genealogy of previous writers whom he imagined to be like him (a process of intellectual ventriloquizing described by Ribeiro de Menezes, 37–45). In 'La actualidad de Larra' he insists on the radical isolation of Larra and on how his words can be deployed as an accusation of the Franco regime and the cultural life of Spain at that time, even if this implies the misquoting and dexcontextualizing of Larra's works. Goytisolo includes a segment from one of the several translations of French works by Larra as an example of his own words and ideology. As Andrew Ginger observes, Goytisolo wrongly assumed that Larra's suicide was a proof of the failures of Liberalism in Spain, but also that his critique of contemporary society was both isolated and without a continuation, since there were several incisive attempts to diagnose the country's problems by both Larra's contemporaries and his successors (Ginger, 111–12).

Larra is also vindicated as a modern intellectual during the transition to democracy in plays such as *La detonación* by Antonio Buero

Vallejo. In *La detonación* (1977) Larra is presented as a committed intellectual witnessing a political 'transition' from Absolutism to Constitutionalism which echoes the one taking place in Spain in the 1970s. The title is a reference to the final pistol shot that would take his life, and the play overall is conceived as flashbacks that lead to the moment of the suicide.

Catherine O'Leary has studied the way in which Buero Vallejo used the character of Larra as a vehicle to explore his own position as what has been called *posibilista*: an oppositional intellectual who, during the Franco era, decided to show a degree of opposition to the dictatorship while working for its institutions rather than going into exile or joining clandestine networks (O'Leary, 228). Contemporary critics saw the character of Larra as a not very subtle projection of Buero himself, and the play as a way to further Buero's own ideological position as a spiritual successor of Larra. The character of Larra, like Buero, is opposed to the Old Regime while trying to work alongside its institutions rather than go into exile or mount a frontal opposition with no possibility of dialogue with or integration into the official media. One of the reasons for the strength of this autobiographical parallelism established by Buero is precisely the longevity of Larra as symbolic of 'the conscience of his era' (O'Leary, 191) and therefore a totemic figure for further generations of intellectuals.

Larra could be deployed as a paragon of elitist, ideal patriotism; a marginal, rebellious voice critical of the establishment or even as an example of pragmatic intellectual compromise. As one of few early nineteenth-century writers whose presence in Spanish litera-ture has been a constant until today, he is a fascinating example of how we read literary texts from the past as well as of the ideological uses that can be given to the literary canon.

A note on the text

Larra wrote over one hundred articles, many of which fit the label *artículos de costumbres* or urban sketches. This anthology presents only a small fraction of them, a small selection that illustrates

Larra's aptitudes as a social observer. Some of the articles present variations between their first publication in a newspaper and the version included in *Fígaro: Colección de artículos dramáticos, literario y de costumbres*, a five-volume collection of his articles begun in 1835 which was partly supervised by Larra himself and continued after his death in 1837. This edition follows the version of the text established in his collected articles, as this was the one chosen by Larra for their edition in a book rather than as parts of a journal. The articles do not change considerably from their first version apart from a few sections which were cut down. One significant change, which might occasionally disorient the reader, is that Larra retrospectively changed all references to the narrator to Fígaro, even in articles where he had originally signed with earlier pseudonyms.

The present edition omits some important articles and includes others which did not appear in the collected works. The latter are '¿Quién es el público y dónde se le encuentra?', crucial for the understanding of his views on the role of the writer, and 'El mundo todo es máscaras', a much studied text interesting for its portrayal of such a key cultural phenomenon as the bourgeois masked ball. Among the omissions are a myriad of articles that are useful to the student of Larra in gauging his complex and shifting ideology and his engagement with core debates of the time, from some early satirical texts from *El Duende Satírico del Día* to theatre reviews and literary and political essays such as 'Literatura', 'Los tres no son más que dos', 'Los barateros' or the reviews of Alexandre Dumas's *Antony* or Martínez de La Rosa's *La conjuración de Venecia*. These texts are almost without exception available online in web pages such as that of the Larra section at the Cervantes Virtual project (www.cervantesvirtual.com/bib/bib_autor/larra/). I include a short list of recommended editions of Larra's complete works in the bibliography, any of which complement this anthology. Footnotes provide clarification of historical or literary references and explain colloquialisms, expressions and plays on words. Occasionally, I refer to information provided by Pérez Vidal in the edition of the *artículos* indicated below.

Bibliography

Selected editions of Larra's *artículos*

Obras, ed. Carlos Seco Serrano, 4 vols (Madrid: Atlas, 1960) (Biblioteca de Autores Españoles, CXXVII–CXXX)

A very comprehensive edition of the *artículos*, with little support in terms of footnotes but a helpful introduction and a careful critical rendition of the original text indicating variants between editions. Part of the Biblioteca de Autores Españoles collection, which is available from many academic libraries.

Fígaro: Colección de artículos dramáticos, literarios y de costumbres, ed. Alejandro Pérez Vidal (Barcelona: Crítica, 2000)

Probably the most thorough and widely available edition of the *artículos*. It reproduces the original version of the collected articles and adds several important ones not included in the 1835–37 collection. The articles are well annotated and the introduction is authoritative and current. The author is presently preparing a revised edition.

Obras Completas, 2 vols, ed. Joan Estruch (Madrid: Cátedra, 2009).

A recent edition of Larra's complete works, including his novels and plays. The articles are all in the first volume, and although the annotation is not as thorough as Pérez Vidal's, it is a helpful when exploring beyond the confines of the present anthology.

Works cited and further readings on Larra

Álvarez Barrientos, Joaquín (1990), 'Del pasado al presente: Sobre el cambio del concepto de imitación en el siglo XVIII español', *Nueva Revista de Filología Hispánica*, 38:1, 219–46

Álvarez Barrientos, Joaquín (2011), 'Proyecto literario y oficio de

escritor en Larra', in Enrique Rubio Cremades, Joaquín Álvarez
Barrientos and José María Ferri Coll (eds), *Larra en el mundo.
La misión de un escritor moderno* (Alicante: Servicio de Publi-
caciones de la Universidad de Alicante)

Álvarez Barrientos, Joaquín (2012), 'El costumbrismo, preso en la
construcción de la Historia literaria nacional. Una propuesta de
renovación', in Dolores Thion Soriano-Mollá (ed.), *El costumbrismo, nuevas luces* (Pau: Presses de l'Université de Pau et des
Pays de l'Adour), pp. 23–40

Álvarez Junco, José (2002), 'The Formation of Spanish Identity
and Its Adaptation to the Age of Nations', *History & Memory*,
14:1/2 (Fall), 13–36

Aymes, Jean René (1983), *Revisón de Larra: ¿protesta o revolucion?*
(Paris: Les Belles Lettres)

Baker, Edward (1991), *Materiales para escribir Madrid. Literatura
y espacio urbano de Moratín a Galdós* (Madrid: Siglo XXI)

Benítez, Rubén (ed.) (1979), *Mariano José de Larra* (Madrid:
Taurus)

Burdiel, Isabel and Romeo, María Cruz (1998), 'Old and New
Liberalism: The Making of the Liberal Revolution, 1808–1844',
Bulletin of Hispanic Studies, 75:5, 65–80

Burgos, Carmen de (*Colombine*) (1919), *Fígaro: (revelaciones, ella
descubierta, epistolario inédito)* (Madrid: Imprenta de Alrededor del Mundo)

Callahan, W. (1976), 'Two Spains and Two Churches 1760–1835',
Historical Reflections /Réflexions Historiques, 2:2, 157–81

Castells, R. (1992), 'Larra, Manic Depression and "La Nochebuena
de 1836"', *Revista Hispánica Moderna*, 59:1/2 (June–December),
45–50

Cortés, Cayetano (1843), 'Vida de Don Mariano José de Larra
conocido vulgarmente bajo el pseudónimo de Fígaro', in
Mariano José de Larra, *Obras completas de Fígaro* (Madrid,
Imprenta de Yenes), pp. i–xv

Cruz, Jesús (2015), 'Símbolos de modernidad la historia olvidada
de los jardines de recreo en la España del siglo XIX', in Pilar
Folguera, Juan Carlos Pereira Castañares, Carmen García

García, Jesús Izquierdo Martín, Rubén Pallol Trigueros, Raquel Sánchez García, Carlos Sanz Díaz and Pilar Toboso Sánchez (eds), *Pensar con la historia desde el siglo XXI: actas del XII Congreso de la Asociación de Historia Contemporánea* (Madrid: Universidad Autónoma de Madrid)

Darakjian, Rubina (1999), 'Larra: Crime and Punishment in Nineteenth Century Spain', in *Revista Hispánica Moderna*, 52:2, 287–99

Escobar, José (1973), *Los orígenes de la obra de Larra* (Madrid: Prensa Española)

Escobar, José (1988), 'La mímesis costumbrista', *Romance Quarterly*, 35, 261–70

Frost, Daniel (2008), *Cultivating Madrid: Public Space and Middle-Class Culture in the Spanish Capital, 1833–1890* (Lewisburg, PA: Bucknell University Press)

Gies, David (1985), 'Larra, Grimaldi and the actors of Madrid', in Douglass and Linda Barnette (eds), *Studies in Eighteenth-Century Literature and Romanticism in Honour of John C. Dowling* (Newark; Delaware: Juan de la Cuesta Press), pp. 113–22

Gil Encabo, Fermín (2012), 'El costumbrismo pintado por la crítica', in *Aún aprendo. Estudios dedicados al profesor Leonardo Romero Tobar* (Zaragoza: Prensas Universitarias de Zaragoza)

Ginger, Andrew (1999), *Political Revolution and Literary Experiment in the Spanish Romantic Period (1830–1850)* (Lampeter: Edwin Mellen Press)

Goytisolo, Juan (1967), 'La actualidad de Larra', in Goytisolo, *El furgón de cola* (París: Ruedo Ibérico), pp. 7–20

Haidt, Rebecca (2004), 'Gothic Larra', in *Decimonónica: Journal of Nineteenth Century Hispanic Cultura/ Production*, 1:1 (Fall), 52–63

Handwerk, G. (2000), 'Romantic Irony', in Marshall Brown (ed.), *The Cambridge History of Literary Criticism Volume 5: Romanticism* (Cambridge: Cambridge University Press), pp. 203–25

Iarocci, Michael (1999), 'Between the Liturgy and the Market: Bourgeouis Subjectivity and Romanticism in Larra's "La Nochebuena de 1836"', in *Revista de Estudios Hispanicos*, 3:1 (January), 41–63

47

Iarocci, Michael (2006), *Properties of Modernity: Romantic Spain, Modern Europe and the Legacies of Empire* (Nashville, TN: Vanderbilt University Press)

Illie, Paul (1974/1975), 'Larra's Nightmare', *Revista Hispánica Moderna*, 38:4, 153–66

Kagan, Richard (1996), 'Prescott's Paradigm: American Historical Scholarship and the Decline of Spain', *American Historical Review*, 101:2 (April), 423–46

Kirkpatrick, Susan (1977), *Larra: el laberinto inextricable de un romántico liberal*, Spanish version by Marta Eguía (Madrid: Gredos)

Kirkpatrick, Susan (1977), 'Spanish Romanticism and the Liberal Project: The Crisis of Mariano Jose de Larra', in *Studies in Romanticism*, 16, 451–71

Kirkpatrick, Susan (1983), 'Los barateros' and Its Mirror Image', in *Ensayistas: Georgia Series on Hisponic Thought*, 14–15, 81–95

Kirkpatrick, Susan (1989), *Las Románticas. Women Writers and Subjectivity in Spain, 1835–1850* (Berkeley, Los Angeles and London: University of California Press), pp. 37–61

Krato, Jennifer Rae (1996), 'Enlightenment Satire and Larra's *El pobrecito bobiador*', in D*ieciocho: Hispanic Enlightenment*, 19:1, 65–72

Kloss, Benjamin (2004), 'Hypocrisy as the Key to Success: Some Reflections on a Parallel between Stendhal's and Larra's Visions of Society', in *Bulletin of Hispanic Studies*, 81:3, 335–46

Lammenais, M.F. de (1836), *El dogma de los hombres libres: palabras de un creyente*, traducidas de la última edición por D. Mariano José de Larra (Madrid: Imprenta de Repullés)

Lauster, Martina (2007), *Sketches of the Nineteenth Century: European Journalism and its Physiologies, 1830–50* (Basingstoke: Palgrave Macmillan)

McGuire, Elizabeth (1918), *A Study of the Writings of Mariano José de Larra* (Berkeley: University of California Press)

Machado, Antonio (1937), 'Miscelánea apócrifa. Palabras de Juan de Mairena', *Hora de España*, XII (December), 5–11

Mandrell, James (2012), 'Etiquette and Table Manners in Larra's

"El castellano Viejo": Another Point of View', in *Forum far Modem Language Studies*, 4:1, 74–85.

Martínez Ruiz, José (*Azorín*) (1947), *Rivas y Larra: razón social del romanticismo en España* (Madrid: Espasa Calpe)

Martínez Ruiz, José (*Azorín*) (1989), *La voluntad*, ed. E. Inman Fox (Madrid: Castalia)

Menéndez Pidal, Ramón (1947), 'Los españoles en la historia: cimas y depresiones en la curva de su vida política', in Menéndez Pidal (ed.) *Historia de España* (Madrid: Espasa Calpe), pp. ix–ciii

Mesonero Romanos, Ramón (1935–38), *Panorama Matritense, cuadros de costumbres de la capital, observados y descritos por un curioso parlante*, 3 vols (Madrid: Imprenta de Repullés)

Nordlund, David L. (1995), 'Larra: Theatrical Criticism and Social Revolution, 1833–1836', *Revista Hispánica Moderna*, 48:2 (December), 233–49

O'Leary, Catherine (2005), *The Theatre of Antonio Buero Vallejo: Ideology, Politics and Censorship* (Woodbridge: Támesis)

Penrose, Mehl A. (2003), '"Amigo lector": The Reader as Self-Conscious Subject in Larra's Artículos', *Revista Hispánica Moderna*, 56:2 (December), 257–67

Penrose, Mehl A. (2003), 'Forging a Bourgeois Reader's Role: Luis Cañuelo and Mariano José de Larra as Protagonists of Spain's "Polemic Press"', *Journal of Hispanic Higher Education*, 2:3, 269–75

Peñas Ruiz, Ana (2014), *El artículo de costumbres en España (1830–1850)* (Vigo: Editorial Academia del Hispanismo)

Raillard, Matthieu P. (2008), 'Larra: From Polyphony to Textual Rebellion', in *Decimonónica: Journal of Nineteenth Century Hisponic Cultura/ Production*, 5:2, 49–66

Resina, Joan (ed.) (2001), *Iberian Cities* (Oxford and New York: Routledge)

Ribeiro de Menezes, Alison (2005), *Juan Goytisolo: The Author as Dissident* (Woodbridge: Támesis)

Ringrose, David (1998), *Spain, Europe, and the 'Spanish Miracle', 1700–1900* (Cambridge: Cambridge University Press)

Romero Tobar, Leonardo (1994), *Panorama crítico del Romanticismo español* (Madrid: Castalia)

Romero Tobar, Leonardo (2007), 'Larra, tema literario', in Romero Tobar, *Dos liberales o lo que es entenderse. Hablando con Larra* (Madrid: Marenostrum), pp. 99–114

Rosenberg, John R. (1993), 'Between Delirium and Luminosity: Larra's Ethical Nightmare', *Hispanic Review*, 61:3 (Summer), 379–89

Salla-Valldaura, Josep María (2014), 'El sainete *El baile en máscara* de Ramón de la Cruz', *Bulletin of Spanish Studies: Hispanic Studies and Research on Spain, Portugal and Latin America*, 91:9–10, 151–68

Schurlknight, Donald E. (1998), *Spanish Romanticism in Context: Of Subversion, Contradiction and Politics* (Lanham, MD and Oxford: University Press of America)

Schurlknight, Donald E. (2003), '(Re)Interpreting Contemporary History: Larra on Politics, Power and "Theater"', in *Crítica Hispánica*, 2:1–2, 163–72

Schurlknight, Donald E. (2009), *Power and Dissent. Larra and Democracy in Nineteenth-Century Spain* (Lewisburg, PA: Bucknell University Press)

Schurlknight, Donald E. (2011), 'On Larra's Construction of Authority in His Articles: Humor', in *Decimonónico: Journal of Nineteenth Century Hispanic Cultura/Production*, 8:2, 42–59

Servodidio, Joseph (1976), *Los artículos de Larra, una crónica de cambio social* (New York: E. Torres & Sons)

Sherman, Alvin F. Jr. (1992), *Mariano José de Lara: A directory of Historical Personages* (New York: Peter Lang)

Sherman, Alvin F., Jr. (1993), 'Larra vs. El Jorobado: Spanish society and the debate over *Antony* (1836)', *Anales de Literatura Española*, 9, 129–39

Sherman, Alvin F., Jr. (1995), 'Larra and Satire: The Question of Don Carlos and the Spanish Monarchy', in *Crítica Hispánica*, 17:2, 211–23

Simerka, Barbara (1994), 'You Are What You Eat: Dining Customs and Social Satire in "El Castellano Viejo"', in *Romance*

Languages Annual, 6: 586–89

? Sutherland, Madeline (1990), 'The Literary Criticism of Mariano José de Larra', in *Revista de Estudios Hispánicos*, 24:2, 103–19

? Ullman, Pierre, *Mariano de Larra and Spanish Political Rhetoric* (Madison: University of Wisconsin Press, 1971)

Walker, Daniel R. (2002), 'The Romantic Delirium of Mariano José de Larra (Figaro) in "El dia de difuntos de 1836" and "La Nochebuena de 1836"', in *Ciberletras*, 8.

Williams, Raymond (1958), *Culture and Society 1780–1950* (London: Chatto & Windus, reprint Penguin Books, 1984).

Zorrilla, José (1847), 'A la memoria desgraciada del joven literato D. Mariano José de Larra', in *Obras de José Zorrilla con su biografía por Ildef. de Ovejas*, I,1 (Paris: Baudry)

Some electronic sources on Larra

Here is a selection of Larra's writings that are available online and are useful for the study of his significance in modern Spain. There are also a good number of online works on Larra, as well as most of his works and other resources, at the Cervantes Virtual project (www.cervantesvirtual.com/bib/bib_autor/larra/).

Burgos, Carmen de (1919), *Figaro: (revelaciones, ella descubierta, epistolario inédito)* (Madrid: Imprenta Alrededor del Mundo). Available at https://archive.org/details/figarorevelacio00sern-goog.

Cortés, Cayetano (1843), 'Vida de Don Mariano José de Larra conocido vulgarmente bajo el pseudónimo de Fígaro', in *Obras completas de Fígaro*, Madrid, Imprenta de Yenes, pp. i–xv. Available at www.cervantesvirtual.com/obra-visor-din/vida-de-don-mariano-jos-de-larra-conocido-vulgarmente-bajo-el-pseudnimo-de-fgaro-0/html/.

Ferrer del Río, A. (1846), 'Mariano José de Larra', in *Galería de la literatura española* (Madrid: Tip. de D.F. de P. Mellado), pp. 219–34. Available at www.cervantesvirtual.com/obra-visor/galeria-de-la-literatura-espanola-0/html/.

Martínez Ruiz, José (1916), *Rivas y Larra: Razón social del Romanticismo en España* (Madrid: Renacimiento). Available at https://archive.org/details/rivasylarraraz00azor.

Artículos de costumbres

¿Quién es el público y dónde se le encuentra?

Artículo mutilado o sea refundido. Hermite de la Chaussée d'Antin[1]

> El doctor tú te lo pones,
> el Montalván no le tienes,
> Con que quitándote el don
> Vienes a quedar Juan Pérez.

Epigrama antiguo contra el doctor don Juan Pérez de Montalván.[2]

Yo vengo a ser lo que se llama en el mundo un buen hombre, un infeliz, un pobrecillo, como ya se echará de ver en mis escritos; no tengo más defecto, o llámese sobra si se quiere, que hablar mucho, las más veces sin que nadie me pregunte mi opinión; váyase porque otros tienen el de no hablar nada, aunque se les pregunte la suya. Entremetome en todas partes como un pobrecito, y formo mi opinión y la digo, venga o no al caso, como un pobrecito.[3] Dada esta primera idea de mi carácter pueril e inocentón, nadie extrañará que me halle hoy en mi bufete con gana de hablar, y sin saber qué decir; empeñado en escribir para el público, y sin saber quién es el público. Esta idea, pues, que me ocurre al sentir tal comezón de escribir será el objeto de mi primer artículo. Efectivamente, antes de dedicarle nuestras vigilias y tareas quisiéramos saber con quién nos las habemos.[4]

Esa voz 'público', que todos traen en boca, siempre en apoyo de sus opiniones, ese comodín de todos los partidos, de todos los

---

1 Like a number of other articles, this one is inspired by the collection of sketches of Parisian life written by Victor-Joseph Étienne de Jouy between 1812 and 1814. The article in question is 'Qu'est le public? Et où se trouve t-on?'

2 This satirical epigram against the priest and writer Juan Pérez de Montalbán (1602–38) is attributed to the poet Francisco de Quevedo (1580–45).

3 At this time Larra was still writing under the pseudonym of *El pobrecito hablador*.

4 'Who are we dealing with'.

pareceres, ¿es una palabra vana de sentido, o es un ente real y efectivo? Según lo mucho que se habla de él, según el papelón que hace en el mundo, según los epítetos que se le prodigan y las consideraciones que se le guardan, parece que debe de ser alguien. El público es 'ilustrado', el público es 'indulgente', el público es 'imparcial', el público es 'respetable': no hay duda, pues, en que existe el público. En este supuesto, '¿quién es el público y dónde se le encuentra?'

Salgome de casa con mi cara infantil y bobalicona a buscar al público por esas calles, a observarle, y a tomar apuntaciones en mi registro acerca del carácter, por mejor decir, de los caracteres distintivos de ese respetable señor. Paréceme a primera vista, según el sentido en que se usa generalmente esta palabra, que tengo de encontrarle en los días y parajes en que suele reunirse más gente. Elijo un domingo, y donde quiera que veo un número grande de personas llamolo público, a imitación de los demás. Este día un sinnúmero de oficinistas y de gentes ocupadas o no ocupadas el resto de la semana se afeita, se muda, se viste y se perfila; veo que a primera hora llena las iglesias, la mayor parte por ver y ser visto; observa a la salida las caras interesantes, los talles esbeltos, los pies delicados de las bellezas devotas, les hace señas, las sigue, y reparo que a segunda hora va de casa en casa haciendo una infinidad de visitas: aquí deja un cartoncito con su nombre cuando los visitados no están o no quieren estar en casa; allí entra, habla del tiempo, que no le interesa, de la ópera, que no entiende, etc. Y escribo en mi libro: 'El público oye misa, el público coquetea (permítaseme la expresión mientras no tengamos otra mejor),[5] el público hace visitas, la mayor parte inútiles, recorriendo casas, adonde va sin objeto, de donde sale sin motivo, donde por lo regular ni es esperado antes de ir, ni es echado de menos después de salir; y el público en consecuencia (sea dicho con perdón suyo) pierde el tiempo, y se ocupa en futesas': idea que confirmo al pasar por la Puerta del Sol.

Entrome a comer en una fonda, y no sé por qué me encuentro llenas las mesas de un concurso que, juzgando por las facultades que parece tener para comer de fonda, tendrá probablemente en

---

5 *Coquetear*, from *coqueta* (vain, conceited, flirtatious), was a Gallicism that was only registered in the Spanish dictionary in 1843.

su casa una comida sabrosa, limpia, bien servida, etc., y me lo hallo comiendo voluntariamente, y con el mayor placer, apiñado en un local incómodo (hablo de cualquier fonda de Madrid), obstruido, mal decorado, en mesas estrechas, sobre manteles comunes a todos, limpiándose las babas con las del que comió media hora antes en servilletas sucias sobre toscas, servidas diez, doce, veinte mesas, en cada una de las cuales comen cuatro, seis, ocho personas, por uno o solos dos mozos mugrientos, mal encarados y con el menor agrado posible; repitiendo este día los mismos platos, los mismos guisos del pasado, del anterior y de toda la vida; siempre puercos, siempre mal aderezados; sin poder hablar libremente por respetos al vecino; bebiendo vino, o por mejor decir agua teñida o cocimiento de campeche[6] abominable. Digo para mi capote: '¿Qué alicientes traen al público a comer a las fondas de Madrid?'. Y me contesto: 'El público gusta de comer mal, de beber peor, y aborrece el agrado, el aseo y la hermosura del local'.

Salgo a paseo y ya en materia de paseos me parece difícil decidir acerca del gusto del público, porque si bien un concurso numeroso, lleno de pretensiones, obstruye las calles y el salón del Prado, o pasea a lo largo del Retiro, otro más llano visita la casa de las fieras, se dirige hacia el río, o da la vuelta a la población por las rondas. No sé cuál es el mejor, pero sí escribo: 'Un público sale por la tarde a ver y ser visto; a seguir sus intrigas amorosas ya empezadas, o enredar otras nuevas; a hacer el importante junto a los coches; a darse pisotones y a ahogarse en polvo; otro público sale a distraerse, otro a pasearse, sin contar con otro no menos interesante que asiste a las novenas y cuarenta horas,[7] y con otro, no menos ilustrado, atendidos los carteles, que concurre al teatro, a los novillos, al fantasmagórico Mantilla[8] y al Circo Olímpico'.

6 A brew made with bark taken from the campeche tree, a species native to the Americas used primarily as a dye as well as an astringent.

7 In the Roman Catholic Church, a *novena* is a period of nine days of public or private prayers to obtain special graces, while the 40 hours' devotion or quarantore is an uninterrupted period of prayers of 40 hours in adoration of the Blessed Sacrament.

8 Phantasmagoria shows, such as the ones offered in Madrid by Juan González Mantilla, had been very popular since the last decades of the eighteenth

Pero ya bajan las sombras de los altos montes, y precipitándose sobre estos paseos heterogéneos arrojan de ellos a la gente; yo me retiro el primero, huyendo del público que va en coche o a caballo, que es el más peligroso de todos los públicos; y como mi observación hace falta en otra parte, me apresuro a examinar el gusto del público en materia de cafés. Reparo con singular extrañeza que *el público tiene gustos infundados*: le veo llenar los más feos, los más oscuros y estrechos, los peores, y reconozco a mi público de las fondas. ¿Por qué se apiña en el reducido, puerco y opaco café del Príncipe, y el mal servido de Venecia, y ha dejado arruinarse el espacioso y magnífico de Santa Catalina, y anteriormente el lindo de Tívoli, acaso mejor situados? De aquí infiero que *el público es caprichoso*.

Empero aquí un momento de observación. En esta mesa cuatro militares disputan, como si pelearan, acerca del mérito de Montes y de León, del volapié y del pasatoro;[9] ninguno sabe de tauromaquia; sin embargo, se van a matar, se desafían, se matan en efecto por defender su opinión, que en rigor no lo es. (*bad lawyer*)

En otra, cuatro leguleyos que no entienden de poesía, se arrojan a la cara en forma de alegatos y pedimentos mil dicterios disputando acerca del género clásico y del romántico, del verso antiguo y de la prosa moderna.

Aquí cuatro poetas que no han saludado el diapasón[10] se disparan mil epigramas envenenados, ilustrando el punto *poco tratado* de la diferencia de la Tossi y de la Lalande,[11] y no se tiran las sillas por respeto al *sagrado* del café.

Allí cuatro viejos en quienes se ha agotado la fuente del sentimiento, avaros, digámoslo así, de su época, convienen en que los *miser*

---

century. An early type of image projector known as a magic lantern was used to project frightening images onto walls, smoke or screens.

9   Montes and León were two famous bullfighters, while *volapié* and *pasatoro* are two of the possible techniques used to kill the animal in a bullfight.

10   In this context, *saludar* has the meaning of being acquainted with the rudiments of a subject or an art, meaning that the poets did not have the basic knowledge of music (*diapasón*: a musical octave) to have an authoritative opinion about opera.

11   Adelaide Tosi (1800–59) and Henriette Méric-Lalande (1798–1867) were both famous sopranos.

jóvenes del día están perdidos, opinan que no saben *sentir* como se sentía en su tiempo, y echan abajo sus ensayos, *sin haberlos querido leer siquiera*.

Acullá un periodista *sin período*, y otro periodista con *períodos interminables*, que no aciertan a escribir artículos que se vendan, convienen en la manera indisputable de redactar un papel que llene con su fama sus gavetas, y en la importancia de los resultados que tal o cual artículo, tal o cual vindicación debe tener en el *mundo*, que no los lee.

Y en todas partes muchos majaderos, que no entienden de nada, disputan de todo.

Todo lo veo, todo lo escucho, y apunto con mi sonrisa, propia de un pobre hombre, y con perdón de mi examinando: 'El ilustrado público gusta de hablar de lo que no entiende'.

Salgo del café, recorro las calles, y no puedo menos de entrar en las hosterías y otras casas públicas; un concurso crecido de parroquianos de domingo las alborota merendando o bebiendo, y las conmueve con su bulliciosa algazara; todas están llenas: en todas el Yepes y el Valdepeñas[12] mueven las lenguas de la concurrencia, como el aire la veleta, y como el agua la piedra del molino; ya los densos vapores de Baco[13] comienzan a subirse a la cabeza del público, que no se entiende a sí mismo. Casi voy a escribir en mi libro de memorias: 'El respetable público se emborracha'; pero felizmente rómpese la punta de mi lápiz en tan mala coyuntura, y no siendo aquel lugar propio para afilarle, quédase *in pectore*[14] mi observación y mi habladuría.

Otra clase de gente entretanto mete ruido en los billares, y pasa las noches empujando las bolas, de lo cual no hablaré, porque éste es de todos los públicos el que me parece más tonto.

Ábrese el teatro, y a esta hora creo que voy a salir para siempre de dudas, y conocer de una vez al público por su indulgencia ponderada, su gusto ilustrado, sus fallos respetables. Ésta parece ser su casa, el templo donde emite sus oráculos sin apelación. Repre-

12   Two Spanish wine regions.
13   Bacchus, the Greek god of wine, madness and ecstasy.
14   Unsaid; literally, 'within one's own chest'.

séntase una comedia nueva; una parte del público la aplaude con furor: es sublime, divina; nada se ha hecho mejor de Moratín[15] acá; otra la silba despiadadamente: es una porquería, es un sainete, nada se ha hecho peor desde Comella[16] hasta nuestro tiempo. Uno dice: 'Está en prosa, y me gusta sólo por eso; las comedias son la imitación de la vida; deben escribirse en prosa'. Otro: 'Está en prosa y la comedia debe escribirse en verso, porque no es más que una ficción para agradar a los sentidos; las comedias en prosa son cuentecitos caseros, y si muchos las escriben así, es porque no saben versificarlas'. Éste grita: '¿Dónde está el verso, la imaginación, la chispa de nuestros antiguos dramáticos? Todo eso es frío; moral insípida, lenguaje helado; el clasicismo es la muerte del *genio*'. Aquél clama: '¡Gracias a Dios que vemos comedias arregladas y morales! La imaginación de nuestros antiguos era desarreglada: ¿qué tenían? Escondidos, tapadas,[17] enredos interminables y monótonos, cuchilladas, graciosos pesados, confusión de clases, de géneros; el romanticismo es la perdición del teatro: sólo puede ser hijo de una imaginación enferma y delirante'. Oído esto, vista esta discordancia de pareceres, ¿a qué me canso en nuevas indagaciones? Recuerdo que Latorre tiene un partido considerable, y que Luna, sin embargo, es también aplaudido sobre esas mismas tablas donde busco un gusto fijo;[18] que en aquella misma escena los detractores de la Lalande arrojaron coronas a la Tossi, y que los apasionados de la Tossi despreciaron, destrozaron a la Lalande; y entonces ya renuncio a mis esperanzas. ¡Dios mío! ¿Dónde está ese público tan indulgente, tan ilustrado, tan imparcial, tan justo, tan respetable, eterno dispensador de la fama, de que tanto me han

15 Leandro Fernández de Moratín (1760–1828), an influential Spanish Neoclassical playwright.
16 Luciano Comella (1751–1812) was a prolific and popular eighteenth-century playwright, but also the target of critical scorn owing to the lack of enthusiasm for his work among dominant Neoclassical tastes. Moratín satirized Comella's plays in *La comedia nueva o El café* (1792), which had the effect of turning the name of Comella into a synonym for poor-quality theatre.
17 Female characters who, due to the requirements of the plot, appear on stage with their faces concealed.
18 José Garcia Luna (1798–1865) and Carlos Latorre (1799–1851), famous Spanish actors.

hablado; cuyo fallo es irrecusable, constante, dirigido por un buen gusto invariable, que no conoce más norma ni más leyes que las del sentido *común*, que tan pocos tienen? Sin duda el público no ha venido al teatro esta noche: acaso no concurre a los espectáculos.

Reúno mis notas, y más confuso que antes acerca del objeto de mis pesquisas, llego a informarme de personas más ilustradas que yo. Un autor silbado me dice, cuando le pregunto quién es el público: 'Preguntadme más bien cuántos necios se necesitan para componer un público'. Un autor aplaudido me responde: 'Es la reunión de personas ilustradas, que deciden en el teatro del mérito de las producciones literarias'.

Un escritor cuando le silban dice que el público no le silbó, sino que fue una intriga de sus enemigos, sus envidiosos, y éste ciertamente no es el público; pero si le critican los defectos de su comedia aplaudida, llama al público en su defensa; el público le ha aplaudido; el público no puede ser injusto; luego es buena su comedia.

Un periodista presume que el público está reducido a sus suscriptores, y en este caso no es grande el público de los periodistas españoles. Un abogado cree que el público se compone de sus clientes. A un médico se le figura que no hay más público que sus enfermos, y gracias a su ciencia este público se disminuye todos los días; y así de los demás, de modo que concluyo la noche sin que nadie me dé una razón exacta de lo que busco.

¿Será el público el que compra la *Galería fúnebre de espectros y sombras ensangrentadas*, y las poesías de Salas, o el que deja en la librería las *Vidas de los españoles célebres* y la traducción de la *Ilíada*?[19] ¿El que se da de cachetes por coger billetes para oír a una cantatriz pinturera, o el que los revende? ¿El que en las épocas

---

19 Larra gathers together a series of very different examples of popular books in order to illustrate the futility of the new fixation with the idea of 'the public' as the ultimate judge of merit: Agustín Pérez Zaragoza's *Galería fúnebre* (1831) was a collection of gothic novels, and the poet Francisco Gregorio Salas (1728–1808) wrote the popular *Observatorio rústico* (1772). Manuel José Quintana (1772–1857) was an important poet and man of letters, and his *Vidas de los españoles célebres* (1807, 1830, 1833) was a collection of historical biographies. The translation of Homer's *Iliad* mentioned in this fragment is probably that by José Gómez Hermosilla (1771–1837), published in 1831.

tumultuosas quema, asesina y arrastra, o el que en tiempos pacíficos sufre y adula?

Y esa opinión pública tan respetable, hija suya sin duda, ¿será acaso la misma que tantas veces suele estar en contradicción hasta con las leyes y con la justicia? ¿Será la que condena a vilipendio eterno al hombre juicioso que rehúsa salir al campo a verter su sangre por el capricho o la imprudencia de otro, que acaso vale menos que él? ¿Será la que en el teatro y en la sociedad se mofa de los acreedores en obsequio de los tramposos, y marca con oprobio la existencia y el nombre del marido que tiene la desgracia de tener una loca u otra cosa peor por mujer? ¿Será la que acata y ensalza al que roba mucho con los nombres de señor o de héroe, y sanciona la muerte infamante del que roba poco? ¿Será la que fija el crimen en la cantidad, la que pone el honor del hombre en el temperamento de su consorte, y la razón en la punta incierta de un hierro afilado?

¿En qué consiste, pues, que para granjear la opinión de ese público se quema las cejas toda su vida sobre su bufete el estudioso e infatigable escritor, y pasa sus días manoteando y gesticulando el actor incansable? ¿En qué consiste que se expone a la muerte por merecer sus elogios el militar arrojado? ¿En qué se fundan tantos sacrificios que se hacen por la fama que de él se espera? Sólo concibo, y me explico perfectamente, el trabajo, el estudio que se emplean en sacarle los cuartos.

Llega empero la hora de acostarse, y me retiro a coordinar mis notas del día: léolas de nuevo, reúno mis ideas, y de mis observaciones concluyo:

En primer lugar, que el público es el pretexto, el tapador de los fines particulares de cada uno. El escritor dice que emborrona papel, y saca el dinero al público por su bien y lleno de respeto hacia él. El médico cobra sus curas equivocadas, y el abogado sus pleitos perdidos por el bien del público. El juez sentencia *equivocadamente* al inocente por el bien del público. El sastre, el librero, el impresor, cortan, imprimen y roban por el mismo motivo; y, en fin, hasta el ... Pero ¿a qué me canso? Yo mismo habré de confesar que escribo para el público, so pena de tener que confesar que escribo para mí.

Y en segundo lugar, concluyo: que no existe un público único,

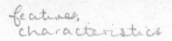

invariable, juez imparcial, como se pretende; que cada clase de la sociedad tiene su público particular, de cuyos rasgos y caracteres diversos y aun heterogéneos se compone la fisonomía monstruosa del que llamamos público; que éste es caprichoso, y casi siempre tan injusto y parcial como la mayor parte de los hombres que le componen; que es intolerante al mismo tiempo que sufrido, y rutinero al mismo tiempo que novelero, aunque parezcan dos paradojas; que prefiere sin razón, y se decide sin motivo fundado; que se deja llevar de impresiones pasajeras; que ama con idolatría sin *porqué*, y aborrece de muerte sin causa; que es maligno y mal pensado, y se recrea con la mordacidad; que por lo regular siente en masa y reunido de una manera muy distinta que cada uno de sus individuos en particular; que suele ser su favorita la medianía intrigante y *charlatana*, y objeto de su olvido o de su desprecio el mérito modesto; que olvida con facilidad e ingratitud los servicios más importantes, y premia con usura a quien le lisonjea y le engaña; y, por último, que con gran sinrazón queremos confundirle con la posteridad, que casi siempre revoca sus fallos interesados.

El Pobrecito Hablador, n.º 1, 18 de agosto de 1832.

Empeños y desempeños

Pierde, pordiosea
el noble, engaña, empeña malbarata,
quiebra y perece, y el logrero goza
los pingües patrimonios ...

Jovellanos[20]

En prensa tenía yo mi imaginación no ha muchas mañanas, buscando un tema nuevo sobre que dejar correr libremente mi atrevida sin hueso,[21] que ya me pedía conversación, y acaso nunca lo hubiera encontrado a no ser por la casualidad que contaré; y digo que no lo hubiera encontrado, porque entre tantas apuntaciones y notas como en mi pupitre tengo hacinadas, acaso dos solas no contendrán cosas que se puedan decir, o que no deban por ahora dejarse de decir.

Tengo un sobrino, y vamos adelante, que esto nada tiene de particular. Este tal sobrino es un mancebo que ha recibido una educación de las más escogidas que en este nuestro siglo se suelen dar; es decir esto que sabe leer, aunque no en todos los libros, y escribir, si bien no cosas dignas de ser leídas; contar no es cosa mayor, porque descuida el cuento de sus cuentas en sus acreedores, que mejor que él se las saben llevar; baila como discípulo de Veluci;[22] canta lo que basta para hacerse de rogar y no estar nunca en voz;[23] monta a caballo como un centauro, y da gozo ver con qué soltura

---

20 Gaspar Melchor de Jovellanos (1744–1811). This fragment on the activities of *logreros* (moneylenders) comes from 'A Arnesto. Sátira primera', a satire on the customs and education of the nobility.

21 *Sin hueso*: 'tongue'.

22 Andrés Beluzzi was the principal dance instructor at the newly created Royal Conservatory of Music in Madrid, the *Escuela Nacional de Música y Declamación*.

23 *Estar en voz*: to have one's voice clear and in condition to sing.

y desembarazo atropella por esas calles de Madrid a sus amigos y conocidos; de ciencias y artes ignora lo suficiente para poder hablar de todo con maestría. En materia de bella literatura y de teatro no se hable, porque está abonado, y si no entiende la comedia, para eso la paga, y aun la suele silbar; de este modo da a entender que ha visto cosas mejores en otros países, porque ha viajado por el extranjero a fuer de bien criado. Habla un poco de francés y de italiano siempre que había de hablar español, y español no lo habla, sino lo maltrata; a eso dice que la lengua española es la suya, y que puede hacer con ella lo que más le viniere en voluntad. Por supuesto que no cree en Dios, porque quiere pasar por hombre de luces; pero en cambio cree en chalanes y en mozas, en amigos y en rufianes. Se me olvidaba: no hablemos de su pundonor, porque éste es tal que por la menor bagatela, sobre si lo miraron, sobre si no lo miraron, pone una estocada en el corazón de su mejor amigo con la más singular gracia y desenvoltura que en esgrimidor alguno se ha conocido.

Con esta exquisita crianza, pues, y vestirse de vez en cuando de majo,[24] traje que lleva consigo el '¿qué se me da a mí?' y el '¡aquí estoy yo!', ya se deja conocer que es uno de los gerifaltes que más lugar ocupan en la corte, y que constituye uno de los adornos de la sociedad 'de buen tono' de esta capital de qué sé yo cuántos mundos.

Éste es mi pariente, y bien sé yo que si su padre le viera había de estar tan embobado con su hijo como lo estoy yo con mi sobrino, por tanta buena cualidad como en él se ha llegado a reunir. Conoce mi Joaquín esta mi fragilidad y aun suele prevalerse de ella.

Las ocho serían y vestíame yo, cuando entra mi criado y me anuncia a mi sobrino.

– ¿Mi sobrino? Pues debe de ser la una.

– No, señor, son las ocho no más.

Abro los ojos asombrado y me encuentro a mi elegante de pie, vestido y en mi casa a las ocho de la mañana.

–Joaquín, ¿tú a estas horas?

24 A member of the urban lower classes, who dressed in a particular fashion and was associated with a picaresque attitude and a rough, macho outlook. A contemporary trend known as *majismo* had made this image fashionable among the upper classes, and it was common for wealthy men and women to dress in *majo* attire.

– ¡Querido tío, buenos días!

– ¿Vas de viaje?

–No, señor.

– ¿Qué madrugón es éste?

– ¿Yo madrugar, tío? Todavía no me he acostado.

– ¡Ah, ya decía yo!

–Vengo de casa de la marquesita del Peñol: hasta ahora ha durado el baile. Francisco se ha ido a casa con los seis dominós que he llevado esta noche para mudarme.

– ¿Seis no más?

–No más.

–No se me hacen muchos.

–Tenía que engañar a seis personas.

– ¿Engañar? Mal hecho.

–Querido tío, usted es muy antiguo.

–Gracias, sobrino: adelante.

–Tío mío, tengo que pedirle a usted un gran favor.

– ¿Seré yo la séptima persona?

– ¡Querido tío!; ya me he quitado la máscara.

–Di el favor –y eché mano de la llave de mi gaveta.

–En el día no hay rentas que basten para nada; tanto baile, tanto ... en una palabra, tengo un compromiso. ¿Se acuerda usted de la repetición Breguet[25] que me vio usted días pasados?

–Sí, que te había costado cinco mil reales.

–No era mía.

– ¡Ah!

–El marqués de ... acababa de llegar de París; quería mandarla limpiar, y no conociendo a ningún relojero en Madrid le prometí enviársela al mío.

–Sigue.

–Pero mi suerte lo dispuso de otra manera; tenía yo aquel día un compromiso de honor; la baronesita y yo habíamos quedado en ir juntos a Chamartín a pasar un día; era imposible ir en su coche, es demasiado conocido ...

–Adelante.

25 A clock made by the watch manufacturer Breguet.

–Era indispensable tomar yo un coche, disponer una casa y una comida de campo ... A la sazón me hallaba sin un cuarto; mi honor era lo primero; además, que andan las ocasiones por las nubes.

–Sigue.

–Empeñé la repetición de mi amigo.

– ¡Por tu honor!

–Cierto.

– ¡Bien entendido! ¿Y ahora?

–Hoy como con el marqués, le he dicho que la tengo en casa compuesta, y ...

–Ya entiendo.

–Ya ve usted, tío ..., esto pudiera producir un lance muy desagradable.

– ¿Cuánto es?

–Cien duros.

– ¿Nada más? No se me hace mucho.

Era claro que la vida de mi sobrino, y su honor se hallaban en inminente riesgo. ¿Qué podía hacer un tío tan cariñoso, tan amante de su sobrino, tan rico y sin hijos? Conté, pues, sus cien duros, es decir, los míos.

–Sobrino, vamos a la casa donde está empeñada la repetición.

–Quand il vous plaira,²⁶ querido tío.

Llegamos al café, una de las lonjas de empeño, digámoslo así, y comencé a sospechar desde luego que esta aventura había de producirme un artículo de costumbres.

–Tío, aquí será preciso esperar.

– ¿A quién?

–Al hombre que sabe la casa.

– ¿No la sabes tú?

–No, señor: estos hombres no quieren nunca que se vaya con ellos.

– ¿Y se les confían repeticiones de cinco mil reales?

–Es un honrado corredor que vive de este tráfico. Aquí está.

– ¿Éste es el honrado corredor? Y entró un hombre como de unos cuarenta años, si es que se podía seguir la huella del tiempo

26 'Whenever you like'.

en una cara como la debe de tener precisamente el judío errante, si vive todavía desde el tiempo de Jesucristo.[27] Rostro acuchillado con varios chirlos y jirones tan bien avenidos y colocados de trecho en trecho, que más parecían nacidos en aquella cara, que efectos de encuentros desgraciados; mirar bizco, como de quien mira y no mira; barbas independientes, crecidas y que daban claros indicios de no tener con las navajas todo aquel trato y familiaridad que exige el aseo; ruin sombrero con oficios de quitaguas; capa de éstas que no tapan lo que llevan debajo, con muchas cenefas de barro de Madrid; botas o zapatos, que esto no se conocía, con más lodo que cordobán; uñas de escribano, y una pierna, de dos que tenía, que por ser coja, en vez de sustentar la carga del cuerpo, le servía a éste de carga, y era de él sustentada, por donde del tal corredor se podía decir exactamente aquello de que 'tripas llevan pies';[28] metal de voz además que a todos los ruidos desapacibles se asemejaba y aire, en fin, misterioso y escudriñador.

– ¿Está eso, señorito?

–Está; tío, déselo usted.

–Es inútil; yo no entrego mi dinero de esta suerte.

–Caballero, no hay cuidado.

–No lo habrá ciertamente, porque no lo daré.

Aquí empezó una de votos y juramentos del honrado corredor, de quien tan injustamente se desconfiaba, y de lamentaciones deprecatorias de mi sobrino, que veía escapársele de las manos su repetición por una etiqueta de esta especie; pero yo me mantuve firme, y le fue preciso ceder al hebreo[29] mediante una honesta gratificación que con sus votos canjeamos.

En el camino, nuestro *cicerone*, más aplacado, sacó de la faltriquera un paquetillo, y mostrándomelo secretamente:

27 According to the legend, the Wandering Jew was cursed to walk the earth until the second coming of Jesus as a punishment for mocking him at his crucifixion.

28 The proverb *tripas llevan pies, que no pies llevan tripas* implies that eating is what keep us walking or moving forward. Here, Larra plays with the meaning of the proverb by suggesting that the legs of the moneylender were carried by his torso, rather than the other way around.

29 The word *hebreo* was historically used as a colloquialism for merchant and usurer.

—Caballero —me dijo al oído–, cigarros habanos, cajetillas, cédulas de ... y otras frioleras, por si usted gusta.

—Gracias, honrado corredor.

Llegamos por fin, a fuerza de apisonar con los pies calles y encrucijadas, a una casa y a un cuarto cuarto, que alguno hubiera llamado guardilla a haber vivido en él un poeta.

No podré explicar cuán mal se avenían a estar juntas unas con otras, y en aquel tan incongruente desván, las diversas prendas que de tan varias partes allí se habían venido a reunir. ¡Oh, si hablaran todos aquellos cautivos! El deslumbrante vestido de la belleza, ¿qué de cosas diría dentro de sus límites ocurridas? ¿Qué el collar, muchas veces importuno, con prisa desatado y arrojado con despecho? ¿Qué sería escuchar aquella sortija de diamantes, inseparable compañera de los hermosos dedos de marfil de su hermoso dueño? ¡Qué diálogo pudiera trabar aquella rica capa de chinchilla con aquel chal de cachemira! Desvié mi pensamiento de estas locuras, y parecióme bien que no hablasen. Admiréme sobremanera al reconocer en los dos prestamistas que dirigían toda aquella máquina a dos personas que mucho de las sociedades conocía, y de quien nunca hubiera presumido que pelecharan con aquel comercio; avergonzáronse ellos algún tanto de hallarse sorprendidos en tal ocupación, y fulminaron una mirada de estas que llevan en sí una larga reconvención, sobre el israelita que de aquella manera había comprometido su buen nombre, introduciendo profanos, no iniciados, en el santuario de sus misterios.

Hubo de entrar mi sobrino a la pieza inmediata, donde se debía buscar la repetición y contar el dinero: yo imaginé que aquel debía de ser lugar más a propósito todavía para aventuras que el mismo Puerto Lápice,[30] calé el sombrero hasta las cejas, levanté el embozo hasta los ojos, púseme a lo oscuro, donde podía escuchar sin ser notado, y di a mi observación libre rienda que encaminase por do más le pluguiese.[31] Poco tiempo habría pasado en

---

30 A village in the province of Ciudad Real, where, in Miguel de Cervantes's
    Don Quijote, some of the adventures of Don Quijote and Sancho took place.
31 *Pluguiese:* from the verb *placer:* to please.

aquel recogimiento, cuando se abre la puerta y un joven vestido modestamente pregunta por el corredor.

–Pepe, te he esperado inútilmente; te he visto pasar, y he seguido tus huellas. Ya estoy aquí y sin un cuarto; no tengo recurso.

–Ya le he dicho a usted que por ropas es imposible.

– ¡Un frac nuevo!, ¡una levita poco usada! ¿No ha de valer esto más de dieciséis duros que necesito?

–Mire usted, aquellos cofres, aquellos armarios están llenos de ropas de otros como usted; nadie parece a sacarlas, y nadie da por ellas el valor que se prestó.

–Mi ropa vale más de cincuenta duros: te juro que antes de ocho días vuelvo por ella.

–Eso mismo decía el dueño de aquel surtú[32] que ha pasado en aquella percha dos inviernos; y la que trajo aquel chal, que lleva aquí dos carnavales, y la ...

–Pepe, te daré lo que quieras, mira; estoy comprometido; ¡no me queda más recurso que tirarme un tiro!

Al llegar aquí el diálogo, eché mano de mi bolsillo, diciendo para mí: 'No se tirará un tiro por dieciséis duros un joven de tan buen aspecto. ¿Quién sabe si no habrá comido hoy su familia, si alguna desgracia ...?'. Iba a llamarle, pero me previno Pepe diciendo:

– ¡Mal hecho!

–Tengo que ir esta noche sin falta a casa de la señora de W..., y estoy sin traje: he dado palabra de no faltar a una persona respetable. Tengo que buscar además un dominó para una prima mía, a quien he prometido acompañar.

Al oír esto solté insensiblemente mi bolsa en mi faltriquera, menos poseído ya de mi ardiente caridad.

– ¡Es posible! Traiga usted una alhaja.

–Ni una me queda; tú lo sabes: tienes mi reloj, mis botones, mi cadena.

– ¡Dieciséis duros!

–Mira, con ocho me contento.

–Yo no puedo hacer nada en eso; es mucho.

32 A Gallicism from *surtout*, which was a type of man's frock coat.

–Con cinco me contento, y firmaré los dieciséis, y te daré ahora mismo uno de gratificación.

–Ya sabe usted que yo deseo servirle, pero como no soy el dueño ... ¿A ver el frac?

Respiró el joven, sonrióse el corredor; tomó el atribulado cinco duros, dio de ellos uno, y firmó dieciséis, contento con el buen negocio que había hecho.

–Dentro de tres días vuelvo por ello. Adiós. Hasta pasado mañana.

–Hasta el año que viene. –Y fuese cantando el especulador.

Retumbaban todavía en mis oídos las pisadas y *le fioriture*[33] del atolondrado, cuando se abre violentamente la puerta, y la señora de H... Z. en persona, con los ojos encendidos y toda fuera de sí, se precipita en la habitación.

– ¡Don Fernando!

A su voz salió uno de los prestamistas, caballero de no mala figura y de muy galantes modales.

– ¡Señora!

– ¿Me ha enviado usted esta esquela?

–Estoy sin un maravedí; mi amigo no la conoce a usted ... es un hombre ordinario ... y como hemos dado ya más de lo que valen los adornos que tiene usted ahí ...

–Pero ¿no sabe usted que tengo repartidos los billetes para el baile de esta noche? Es preciso darle, o me muero del sofoco.

–Yo, señora ...

–Necesito indispensablemente mil reales, y retirar, siquiera hasta mañana, mi diadema de perlas y mis brazaletes para esta noche: en cambio vendrá una vajilla de plata y cuanto tengo en casa. Debo a los músicos tres noches de función; esta mañana me han dicho decididamente que no tocarán si no los pago. El catalán me ha enviado la cuenta de las velas, y que no enviará más mientras no le satisfaga.

–Si yo fuera solo ...

– ¿Reñiremos? ¿No sabe usted que esta noche el juego sólo puede producir ...? ¿No lleva usted parte en la banca?

33   Italian for 'embellishment', normally one improvised by a singer in an opera.

– ¡Nos fue tan mal la otra noche!

– ¿Quiere usted más billetes? No me han dejado más que seis. Envíe usted a casa por los efectos que he dicho.

–Yo conozco ...; por mí ...; pero aquí pueden oírnos; entre usted en ese gabinete.

Entráronse y se cerró la puerta tras ellos.

Siguióse a esta escena la de un jugador perdidoso que había perdido el último maravedí, y necesitaba armarse para volver a jugar; dejó un reloj, tomó diez, firmó quince, y se despidió diciendo: 'Tengo corazonada; voy a sacar veinte onzas en media hora, y vuelvo por mi reloj'. Otro jugador ganancioso vino a sacar unas sortijas del tiempo de su prosperidad; algún empleado vino a tomar su mesada adelantada sobre su sueldo, pero descabalada de los crecidos intereses; algún necesitado verdadero se remedió, si es remedio comprar un duro con dos; y sólo mentaré en particular el criado de un personaje que vino por fin a rescatar ciertas alhajas que había más de tres años que cautivas en aquel Argel[34] estaban. Habíanse vendido las alhajas, desconfiados ya los prestamistas de que nunca las pagaran, y porque los intereses estaban a punto de traspasar su valor. No quiero pintar la grita y la zalagarda que en aquella bendita casa se armó. Después de dos años de reclamaciones inútiles, hoy venían por las alhajas; ayer se habían vendido. Juró y blasfemó el criado y fuese, prometiendo poner el remedio de aquel atrevimiento en manos de quien más conviniese.

¿Es posible que se viva de esta manera? Pero ¿qué mucho, si el artesano ha de parecer artista, el artista empleado, el empleado título, el título grande y el grande príncipe? ¿Cómo se puede vivir haciendo menos papel que el vecino? ¡Bien haya el lujo! ¡Bien haya la vanidad!

En esto salía ya del gabinete la bella convidadora: habíase secado el manantial de sus lágrimas.

–Adiós, y no falte usted a la noche –dijo misteriosamente una voz penetrante y agitada.

34 Larra taps into the connotations evoked by the mention of Algiers: those of the slave trade and the captives of the Barbary Coast, where Cervantes himself was famously imprisoned for some time.

–Descuide usted; dentro de media hora enviaré a Pepe –respondió una voz ronca y mal segura. Bajó los ojos la belleza, compuso sus blondos cabellos, arregló su mantilla, y salió precipitadamente.

A poco salió mi sobrino, que después de darme las gracias, se empeñó tercamente en hacerme admitir un billete para el baile de la señora H...Z. Sonriente, nada dije a mi sobrino, ya que nada había oído, y asistí al baile. Los músicos tocaron, las luces ardieron. ¡Oh, elocuencia de la belleza! ¡Oh, utilidad de los usureros!

No quisiera acabar mi artículo sin advertir que reconocí en el baile al famoso prestamista, y en los hombros de su mujer el chal magnífico que llevaba tres carnavales en el cautiverio; y dejó de asombrarme desde entonces el lujo que en ella tantas veces no había comprendido.

Retiréme temprano, que no le sientan bien a mis canas ver entrar a Febo[35] en los bailes; acompañóme mi sobrino, que iba a otra concurrencia. Bajé del coche y nos despedimos. Parecióme no encontrar en su voz aquel mismo calor afectuoso, aquel interés con que por la mañana me dirigía la palabra. Un 'adiós' bastante indiferente me recordó que aquel día había hecho un favor, y que el tal favor ya había pasado. Acaso había sido yo tan necio como loco mi sobrino. No era mucho, decía yo, que un joven los pidiera; ¡pero que los diera un viejo!

Para distraer estas melancólicas imaginaciones, que tan triste idea dan de la humanidad, abrí un libro de poesía, y acertó a ser en aquel punto en que dice Bartolomé de Argensola:

> De estos niños Madrid vive logrado
> Y de viejos tan frágiles como ellos
> Porque en la misma escuela se han criado.[36]

El Pobrecito Hablador. Revista Satírica de Costumbres, por el Bachiller don Juan Pérez de Munguía (seud. de Mariano José de Larra), n.º 4, septiembre de 1832, 3–16.

35 Phoebus is another name for Apollo, the god of the sun.
36 From 'Epístola a Nuño de Mendoza', by Bartolomé Leonardo de Argensola (1562–1631).

El casarse pronto y mal

Así como tengo aquel sobrino de quien he hablado en mi artículo de empeños y desempeños, tenía otro no hace mucho tiempo, que en esto suele venir a parar el tener hermanos. Éste era hijo de una mi hermana, la cual había recibido aquella educación que se daba en España no hace ningún siglo: es decir, que en casa se rezaba diariamente el rosario, se leía la vida del santo, se oía misa todos los días, se trabajaba los de labor, se paseaba las tardes de los de guardar,[37] se velaba hasta las diez, se estrenaba vestido el domingo de Ramos,[38] y andaba siempre señor padre, que entonces no se llamaba 'papá', con la mano más besada que reliquia vieja, y registrando los rincones de la casa, temeroso de que las muchachas, ayudadas de su cuyo, hubiesen a las manos algún libro de los prohibidos, ni menos aquellas novelas que, como solía decir, a pretexto de inclinar a la virtud, enseñan desnudo el vicio. No diremos que esta educación fuese mejor ni peor que la del día, sólo sabemos que vinieron los franceses, y como aquella buena o mala educación no estribaba en mi hermana en principios ciertos, sino en la rutina y en la opresión doméstica de aquellos terribles padres del siglo pasado, no fue necesaria mucha comunicación con algunos oficiales de la guardia imperial para echar de ver que si aquel modo de vivir era sencillo y arreglado, no era sin embargo el más divertido. ¿Qué motivo habrá, efectivamente, que nos persuada que debemos en esta corta vida pasarlo mal, pudiendo pasarlo mejor? Aficionóse mi hermana de las costumbres francesas, y ya no fue el pan pan, ni el vino vino:[39]

37 *Días de guardar*: religious holidays.
38 Palm Sunday.
39 *Llamar al pan pan y al vino vino*: a figure of speech meaning 'to tell it as it is' and somehow similar to the English 'to call a spade a spade'. The exposure to the cosmopolitanism of French customs has therefore led the narrator's sister

casóse, y siguiendo en la famosa jornada de Vitoria la suerte del tuerto Pepe Botellas,[40] que tenía dos ojos muy hermosos y nunca bebía vino, emigró a Francia.

Excusado es decir que adoptó mi hermana las ideas del siglo; pero como esta segunda educación tenía tan malos cimientos como la primera, y como quiera que esta débil humanidad nunca supo detenerse en el justo medio, pasó del Año Cristiano a Pigault Lebrun,[41] y se dejó de misas y devociones, sin saber más ahora por qué las dejaba que antes por qué las tenía. Dijo que el muchacho se había de educar como convenía; que podría leer sin orden ni método cuanto libro le viniese a las manos, y qué sé yo qué más cosas decía de la ignorancia y del fanatismo, de las luces y de la ilustración, añadiendo que la religión era un convenio social en que sólo los tontos entraban de buena fe, y del cual el muchacho no necesitaba para mantenerse bueno; que 'padre' y 'madre' eran cosa de brutos, y que a 'papá' y 'mamá' se les debía tratar de tú, porque no hay amistad que iguale a la que une a los padres con los hijos (salvo algunos secretos que guardarán siempre los segundos de los primeros, y algunos soplamocos que darán siempre los primeros a los segundos): verdades todas que respeto tanto o más que las del siglo pasado, porque cada siglo tiene sus verdades, como cada hombre tiene su cara.

No es necesario decir que el muchacho, que se llamaba Augusto, porque ya han caducado los nombres de nuestro calendario, salió despreocupado, puesto que la despreocupación es la primera preocupación de este siglo.

Leyó, hacinó, confundió; fue superficial, vano, presumido,

to abandon her traditional frankness.

40 Joseph Bonaparte (1768–1844) was made King of Naples and Sicily (1806–8) and later King of Spain (1808–13, as Joseph I) by his brother Napoleon. During the Napoleonic Wars, he was represented in popular Spanish satires as drunk and cross-eyed.

41 The *Año Cristiano* is a reference to a Spanish translation of *L'Année Chréti-enne*, a collection of Catholic devotional readings written in the eighteenth century. Charles Antoine Guillaume Pigault-Lebrun (1753–1835) was an author of popular novels, some of which were condemned as immoral, although the reference here might just as easily be to *Le Citateur* (1803), a rationalist parody of the Bible.

orgulloso, terco, y no dejó de tomarse más rienda de la que se le había dado. Murió, no sé a qué propósito, mi cuñado, y Augusto regresó a España con mi hermana, toda aturdida de ver lo brutos que estamos por acá todavía los que no hemos tenido como ella la dicha de emigrar; y trayéndonos entre otras cosas noticias ciertas de cómo no había Dios, porque eso se sabe en Francia de muy buena tinta.[42] Por supuesto que no tenía el muchacho quince años y ya galleaba en las sociedades,[43] y citaba, y se metía en cuestiones, y era hablador y raciocinador como todo muchacho bien educado; y fue el caso que oía hablar todos los días de aventuras escandalosas, y de los amores de Fulanito con la Menganita, y le pareció en resumidas cuentas cosa precisa para hombrear enamorarse.

Por su desgracia acertó a gustar a una joven, personita muy bien educada también, la cual es verdad que no sabía gobernar una casa, pero se embaulaba en el cuerpo en sus ratos perdidos, que eran para ella todos los días, una novela sentimental,[44] con la más desatinada afición que en el mundo jamás se ha visto; tocaba su poco de piano y cantaba su poco de aria de vez en cuando, porque tenía una bonita voz de contralto. Hubo guiños y apretones desesperados de pies y manos, y varias epístolas recíprocamente copiadas de la *Nueva Eloísa*; y no hay más que decir sino que a los cuatro días se veían los dos inocentes por la ventanilla de la puerta y escurrían su correspondencia por las rendijas, sobornaban con el mejor fin del mundo a los criados, y por último, un su amigo, que debía de quererle muy mal, presentó al señorito en la casa. Para colmo de desgracia, él y ella, que habían dado principio a sus amores porque no se dijese que vivían sin su trapillo, se llegaron a imaginar primero, y a creer después a pies juntillas,[45] como se suele muy mal decir,

42 *Saber de buena tinta*: 'to know something for a fact'.
43 The *sociedades patrióticas* were political clubs that flourished during the constitutional rule of 1820–23.
44 The sentimental novel, such as Rousseau's *Julie, ou la nouvelle Héloïse* (1761), which is mentioned further down in the text, was a literary genre that celebrated the values of sentimentalism. It was popular throughout Europe during the eighteenth century and it relied on a strong emotional connection between the reader and the characters.
45 *Creer a pies juntillas*: 'to believe something unquestioningly'.

que estaban verdadera y terriblemente enamorados. ¡Fatal credulidad! Los parientes, que previeron en qué podía venir a parar aquella inocente afición ya conocida, pusieron de su parte todos los esfuerzos para cortar el mal, pero ya era tarde. Mi hermana, en medio de su despreocupación y de sus luces, nunca había podido desprenderse del todo de cierta afición a sus ejecutorias y blasones, porque hay que advertir dos cosas: 1ª Que hay despreocupados por este estilo; y 2ª Que somos nobles, lo que equivale a decir que desde la más remota antigüedad nuestros abuelos no han trabajado para comer. Conservaba mi hermana este apego a la nobleza, aunque no conservaba bienes; y esta es una de las razones porque estaba mi sobrinito destinado a morirse de hambre si no se le hacía meter la cabeza en alguna parte, porque eso de que hubiera aprendido un oficio, ¡oh!, ¿qué hubieran dicho los parientes y la nación entera? Averiguose, pues, que no tenía la niña un origen tan preclaro, ni más dote que su instrucción novelesca y sus *duettos*,[46] fincas que no bastan para sostener el boato de unas personas de su clase. Averiguó también la parte contraria que el niño no tenía empleo, y dándosele un bledo de su nobleza, hubo aquello de decirle:

–Caballerito, ¿con qué objeto entra usted en mi casa?

–Quiero a Elenita –respondió mi sobrino.

– ¿Y con qué fin, caballerito?

–Para casarme con ella.

–Pero no tiene usted empleo ni carrera ...

–Eso es cuenta mía.

–Sus padres de usted no consentirán ...

–Sí, señor; usted no conoce a mis papás.

–Perfectamente; mi hija será de usted en cuanto me traiga una prueba de que puede mantenerla, y el permiso de sus padres; pero en el ínterin, si usted la quiere tanto, excuse por su mismo decoro sus visitas ...

–Entiendo.

–Me alegro, caballerito.

46   An opera duet.

Y quedó nuestro Orlando[47] hecho una estatua, pero bien decidido a romper por todos los inconvenientes.

Bien quisiéramos que nuestra pluma, mejor cortada, se atreviese a trasladar al papel la escena de la niña con la mamá; pero diremos, en suma, que hubo prohibición de salir y de asomarse al balcón, y de corresponder al mancebo; a todo lo cual la malva respondió con cuatro desvergüenzas acerca del libre albedrío y de la libertad de la hija para escoger marido, y no fueron bastantes a disuadirle las reflexiones acerca de la ninguna fortuna de su elegido: todo era para ella tiranía y envidia que los papás tenían de sus amores y de su felicidad; concluyendo que en los matrimonios era lo primero el amor, y que en cuanto a comer, ni eso hacía falta a los enamorados, porque en ninguna novela se dice que coman las Amandas y los Mortimers,[48] ni nunca les habían de faltar unas sopas de ajo.

Poco más o menos fue la escena de Augusto con mi hermana, porque aunque no sea legítima consecuencia, también concluía que los padres no deben tiranizar a los hijos, que los hijos no deben obedecer a los padres: insistía en que era independiente; que en cuanto a haberle criado y educado, nada le debía, pues lo había hecho por una obligación imprescindible; y a lo del ser que le había dado, menos, pues no se lo había dado por él, sino por las razones que dice nuestro Cadalso,[49] entre otras lindezas sutilísimas de este jaez.

Pero insistieron también los padres, y después de haber intentado infructuosamente varios medios de seducción y rapto, no dudó nuestro paladín, vista la obstinación de las familias, en recurrir al medio en boga de sacar a la niña por el vicario. Púsose el plan en ejecución, y a los quince días mi sobrino había reñido ya decididamente con su madre; había sido arrojado de su casa, privado de sus cortos alimentos, y Elena depositada en poder de una potencia

47 The character from the Italian epic poem *Orlando furioso*, by Ludovico Ariosto (1474–1533), who goes mad for love of the princess Angelica.

48 The central characters of *Children of the Abbey*, a 1796 sentimental novel by the Irish writer Regina Maria Roche (1764–1845).

49 A reference to the *Noches Lúgubres* by José Cadalso (1741–82), where the character Tediato voices a bitter condemnation against family ties, and against fatherhood as a selfish and capricious endeavour.

neutral; pero se entiende, de esta especie de neutralidad que se usa en el día; de suerte que nuestra Angélica y Medoro[50] se veían más cada día, y se amaban más cada noche. Por fin amaneció el día feliz; otorgóse la demanda; un amigo prestó a mi sobrino algún dinero, uniéronse con el lazo conyugal, estableciéronse en su casa, y nunca hubo felicidad igual a la que aquellos buenos hijos disfrutaron mientras duraron los pesos duros del amigo.

Pero ¡oh, dolor!, pasó un mes y la niña no sabía más que acariciar a Medoro, cantarle una aria, ir al teatro y bailar una mazowrca;[51] y Medoro no sabía más que disputar. Ello sin embargo, el amor no alimenta, y era indispensable buscar recursos.

Mi sobrino salía de mañana a buscar dinero, cosa más difícil de encontrar de lo que parece, y la vergüenza de no poder llevar a su casa con qué dar de comer a su mujer, le detenía hasta la noche... Pasemos un velo sobre las escenas horribles de tan amarga posición. Mientras que Augusto pasa el día lejos de ella en sufrir humillaciones, la infeliz consorte gime luchando entre los celos y la rabia. Todavía se quieren; pero en casa donde no hay harina todo es mohína;[52] las más inocentes expresiones se interpretan en la lengua del mal humor como ofensas mortales; el amor propio ofendido es el más seguro antídoto del amor, y las injurias acaban de apagar un resto de la antigua llama que amortiguada en ambos corazones ardía; se suceden unos a otros los reproches; y el infeliz Augusto insulta a la mujer que le ha sacrificado su familia y su suerte, echándole en cara aquella desobediencia a la cual no ha mucho tiempo él mismo la inducía; a los continuos reproches se sigue, en fin, el odio.

¡Oh, si hubiera quedado aquí el mal! Pero un resto de honor mal entendido que bulle en el pecho de mi sobrino, y que le impide prestarse para sustentar a su familia a ocupaciones groseras, no le impide precipitarse en el juego, y en todos los vicios y bajezas, en todos los peligros que son su consecuencia. Corramos de nuevo,

---

50 Two characters in *Orlando Furioso*. Medoro is the knight with whom Angelica falls in love, to the detriment, and madness, of Orlando.
51 A mazurka is a Polish folk dance that was fashionable at the time.
52 A proverb, meaning that where there is no sustenance all is melancholy and bad temper.

corramos un velo sobre el cuadro a que dio la locura la primera pincelada, y apresurémonos a dar nosotros la última.

En este miserable estado pasan tres años, y ya tres hijos más rollizos que sus padres alborotan la casa con sus juegos infantiles. Ya el himeneo y las privaciones han roto la venda que ofuscaba la vista de los infelices: aquella amabilidad de Elena es coquetería a los ojos de su esposo; su noble orgullo, insufrible altanería; su garrulidad divertida y graciosa, locuacidad insolente y cáustica; sus ojos brillantes se han marchitado, sus encantos están ajados, su talle perdió sus esbeltas formas, y ahora conoce que sus pies son grandes y sus manos feas; ninguna amabilidad, pues, para ella, ninguna consideración. Augusto no es a los ojos de su esposa aquel hombre amable y seductor, flexible y condescendiente; es un holgazán, un hombre sin ninguna habilidad, sin talento alguno, celoso y soberbio, déspota y no marido ... en fin, ¡cuánto más vale el amigo generoso de su esposo, que les presta dinero y les promete aun protección! ¡Qué movimiento en él! ¡Qué actividad! ¡Qué heroísmo! ¡Qué amabilidad! ¡Qué adivinar los pensamientos y prevenir los deseos! ¡Qué no permitir que ella trabaje en labores groseras! ¡Qué asiduidad y qué delicadeza en acompañarla los días enteros que Augusto la deja sola! ¡Qué interés, en fin, el que se toma cuando le descubre, por su bien, que su marido se distrae con otra ...!

¡Oh poder de la calumnia y de la miseria! Aquella mujer que, si hubiera escogido un compañero que la hubiera podido sostener, hubiera sido acaso una Lucrecia,[53] sucumbe por fin a la seducción y a la falaz esperanza de mejor suerte.

Una noche vuelve mi sobrino a su casa; sus hijos están solos.

– ¿Y mi mujer? ¿Y sus ropas?

Corre a casa de su amigo. ¿No está en Madrid? ¡Cielos! ¡Qué rayo de luz! ¿Será posible? Vuela a la policía, se informa. Una joven de tales y tales señas con un supuesto hermano han salido en la diligencia para Cádiz. Reúne mi sobrino sus pocos muebles, los vende, toma un asiento en el primer carruaje y hétele persiguiendo

---

53 Lucretia was a semi-legendary figure from Classical times whose rape caused a revolution that established the Roman Republic. In the Western imaginary, she stands as a paragon of female virtue and honour.

a los fugitivos. Pero le llevan mucha ventaja y no es posible alcanzarlos hasta el mismo Cádiz. Llega: son las diez de la noche, corre a la fonda que le indican, pregunta, sube precipitadamente la escalera, le señalan un cuarto cerrado por dentro; llama; la voz que le responde le es harto conocida y resuena en su corazón; redobla los golpes; una persona desnuda levanta el pestillo. Augusto ya no es un hombre, es un rayo que cae en la habitación; un chillido agudo le convence de que le han conocido; asesta una pistola, de dos que trae, al seno de su amigo, y el seductor cae revolcándose en su sangre; persigue a su miserable esposa, pero una ventana inmediata se abre y la adúltera, poseída del terror y de la culpa, se arroja, sin reflexionar, de una altura de más de sesenta varas. El grito de la agonía le anuncia su última desgracia y la venganza más completa; sale precipitado del teatro del crimen, y encerrándose, antes de que le sorprendan, en su habitación, coge aceleradamente la pluma y apenas tiene tiempo para dictar a su madre la carta siguiente:

> Madre mía: Dentro de media hora no existiré; cuidad de mis hijos, y si queréis hacerlos verdaderamente despreocupados, empezad por instruirlos ... Que aprendan en el ejemplo de su padre a respetar lo que es peligroso despreciar sin tener antes más sabiduría. Si no les podéis dar otra cosa mejor, no les quitéis una religión consoladora. Que aprendan a domar sus pasiones y a respetar a aquellos a quienes lo deben todo. Perdonadme mis faltas: harto castigado estoy con mi deshonra y mi crimen; harto cara pago mi falsa preocupación. Perdonadme las lágrimas que os hago derramar. Adiós para siempre.

Acabada esta carta, se oyó otra detonación que resonó en toda la fonda, y la catástrofe que le sucedió me privó para siempre de un sobrino, que, con el más bello corazón, se ha hecho desgraciado a sí y a cuantos le rodean.

No hace dos horas que mi desgraciada hermana, después de haber leído aquella carta, y llamándome para mostrármela, postrada en su lecho, y entregada al más funesto delirio, ha sido desahuciada por los médicos.

'Hijo ... despreocupación ... boda ... religión ... infeliz ...', son las palabras que vagan errantes sobre sus labios moribundos. Y esta funesta impresión, que domina en mis sentidos tristemente, me ha impedido dar hoy a mis lectores otros artículos más joviales que para mejor ocasión les tengo reservados.

El Pobrecito Hablador, n.º 7, 30 de noviembre de 1832.

El castellano viejo

Ya en mi edad pocas veces gusto de alterar el orden que en mi manera de vivir tengo hace tiempo establecido, y fundo esta repugnancia en que no he abandonado mis lares ni un solo día para quebrantar mi sistema, sin que haya sucedido el arrepentimiento más sincero al desvanecimiento de mis engañadas esperanzas. Un resto, con todo eso, del antiguo ceremonial que en su trato tenían adoptado nuestros padres, me obliga a aceptar a veces ciertos convites a que parecería el negarse grosería, o por lo menos ridícula afectación de delicadeza.

Andábame días pasados por esas calles a buscar materiales para mis artículos. Embebido en mis pensamientos, me sorprendí varias veces a mí mismo riendo como un pobre hombre de mis propias ideas y moviendo maquinalmente los labios; algún tropezón me recordaba de cuando en cuando que para andar por el empedrado de Madrid no es la mejor circunstancia la de ser poeta ni filósofo; más de una sonrisa maligna, más de un gesto de admiración de los que a mi lado pasaban, me hacía reflexionar que los soliloquios no se deben hacer en público; y no pocos encontrones que al volver las esquinas di con quien tan distraída y rápidamente como yo las doblaba, me hicieron conocer que los distraídos no entran en el número de los cuerpos elásticos, y mucho menos de los seres gloriosos e impasibles. En semejante situación de mi espíritu, ¿qué sensación no debería producirme una horrible palmada que una gran mano, pegada (a lo que por entonces entendí) a un grandísimo brazo,[54] vino a descargar sobre uno de mis hombros, que por desgracia no tienen punto alguno de semejanza con los de Atlante?[55]

54 It is often noted that this expression (*una mano pegada a algún brazo*) is a nod to a similar one in Cervantes's *Don Quijote* (I, 17).
55 Atlas, the primordial titan who, in Greek mythology, bore the heavens on his shoulders.

No queriendo dar a entender que desconocía este enérgico modo de anunciarse, ni desairar el agasajo de quien sin duda había creído hacérmele más que mediano, dejándome torcido para todo el día, traté sólo de volverme por conocer quien fuese tan mi amigo para tratarme tan mal; pero mi castellano viejo es hombre que cuando está de gracias no se ha de dejar ninguna en el tintero.[56] ¿Cómo dirá el lector que siguió dándome pruebas de confianza y cariño? Echome las manos a los ojos y sujetándome por detrás:

– ¿Quién soy? –gritaba alborozado con el buen éxito de su delicada travesura–. ¿Quién soy?

'Un animal', iba a responderle; pero me acordé de repente de quién podría ser, y sustituyendo cantidades iguales:

–Braulio eres –le dije.

Al oírme, suelta sus manos, ríe, se aprieta los ijares, alborota la calle y pónenos a entrambos en escena.

– ¡Bien, mi amigo! ¿Pues en qué me has conocido?

– ¿Quién pudiera sino tú ...?

– ¿Has venido ya de tu Vizcaya?

–No, Braulio, no he venido.

–Siempre el mismo genio. ¿Qué quieres?, es la pregunta del español. ¡Cuánto me alegro de que estés aquí! ¿Sabes que mañana son mis días?[57]

–Te los deseo muy felices.

–Déjate de cumplimientos entre nosotros; ya sabes que yo soy franco y castellano viejo: el pan pan y el vino vino;[58] por consiguiente exijo de ti que no vayas a dármelos; pero estás convidado.

– ¿A qué?

–A comer conmigo.

–No es posible.

–No hay remedio.

–No puedo –insisto ya temblando.

– ¿No puedes?

–Gracias.

56 *Dejar en el tintero*: to forget something, or leave something aside.
57 Here *día* means 'birthday'.
58 See note 34.

– ¿Gracias? Vete a paseo;[59] amigo, como no soy el duque de F...,
ni el conde de P...

¿Quién se resiste a una sorpresa de esta especie? ¿Quién quiere
parecer vano?

–No es eso, sino que...

–Pues si no es eso –me interrumpe–, te espero a las dos; en casa
se come a la española; temprano. Tengo mucha gente: tendremos
al famoso X., que nos improvisará de lo lindo; T. nos cantará de
sobremesa una rondeña[60] con su gracia natural; y por la noche J.
cantará y tocará alguna cosilla.

Esto me consoló algún tanto, y fue preciso ceder: un día malo,
dije para mí, cualquiera lo pasa; en este mundo para conservar
amigos es preciso tener el valor de aguantar sus obsequios.

–No faltarás, si no quieres que riñamos.

–No faltaré –dije con voz exánime y ánimo decaído, como el
zorro que se revuelve inútilmente dentro de la trampa donde se ha
dejado coger.

–Pues hasta mañana –y me dio un torniscón por despedida.

Vile marchar como el labrador ve alejarse la nube de su sembrado,
y quedéme discurriendo cómo podían entenderse estas amistades
tan hostiles y tan funestas.

Ya habrá conocido el lector, siendo tan perspicaz como yo le
imagino, que mi amigo Braulio está muy lejos de pertenecer a lo que
se llama gran mundo y sociedad de buen tono, pero no es tampoco
un hombre de la clase inferior, puesto que es un empleado de los de
segundo orden, que reúne entre su sueldo y su hacienda cuarenta
mil reales de renta; que tiene una cintita atada al ojal y una crucecita
a la sombra de la solapa; que es persona, en fin, cuya clase, familia
y comodidades de ninguna manera se oponen a que tuviese una
educación más escogida y modales más suaves e insinuantes. Mas la
vanidad le ha sorprendido por donde ha sorprendido casi siempre a
toda o a la mayor parte de nuestra clase media, y a toda nuestra clase
baja. Es tal su patriotismo, que dará todas las lindezas del extran-

---

59 *Mandar a paseo* is an expression used to dismiss someone brusquely.
60 A folk song originating from Ronda (Málaga).

cecity, blindness

jero por un dedo de su país. Esta ceguedad le hace adoptar todas las responsabilidades de tan inconsiderado cariño; de paso que defiende que no hay vinos como los españoles, en lo cual bien pude de tener razón, defiende que no hay educación como la española, en lo cual bien pudiera no tenerla; a trueque de defender que el cielo de Madrid es purísimo, defenderá que nuestras manolas[61] son las más encantadoras de todas las mujeres: es un hombre, en fin, que vive de exclusivas, a quien le sucede poco más o menos lo que a una parienta mía, que se muere por las jorobas sólo porque tuvo un querido que llevaba una excrecencia bastante visible sobre entrambos omóplatos.

No hay que hablarle, pues, de estos usos sociales, de estos respetos mutuos, de estas reticencias urbanas, de esa delicadeza de trato que establece entre los hombres una preciosa armonía, diciendo sólo lo que debe agradar y callando siempre lo que puede ofender. Él se muere 'por plantarle una fresca al lucero del alba,'[62] como suele decir, y cuando tiene un resentimiento, se le 'espeta a uno cara a cara'. Como tiene trocados todos los frenos, dice de los cumplimientos que ya sabe lo que quiere decir 'cumplo' y 'miento'; llama a la urbanidad hipocresía, y a la decencia monadas; a toda cosa buena le aplica un mal apodo; el lenguaje de la finura es para él poco más que griego: cree que toda la crianza está reducida a decir 'Dios guarde a ustedes' al entrar en una sala, y añadir 'con permiso de usted' cada vez que se mueve; a preguntar a cada uno por toda su familia, y a despedirse de todo el mundo; cosas todas que así se guardará él de olvidarlas como de tener pacto con franceses. En conclusión, hombres de estos que no saben levantarse para despedirse sino en corporación con alguno o algunos otros, que han de dejar humildemente debajo de una mesa su sombrero, que llaman su 'cabeza', y que cuando se hallan en sociedad por desgracia sin un socorrido bastón, darían cualquier cosa por no tener manos ni brazos, porque en realidad no saben dónde ponerlos, ni qué cosa se puede hacer con los brazos en una sociedad.

61 *Manola*: a term used for rowdy lower-class women, particularly in Madrid.
62 *Plantar una fresca al lucero del alba:* to have the courage to address someone with familiarity, notwithstanding their social status.

Llegaron las dos, y como yo conocía ya a mi Braulio, no me pareció conveniente acicalarme demasiado para ir a comer; estoy seguro de que se hubiera picado; no quise, sin embargo, excusar un frac de color y un pañuelo blanco, cosa indispensable en un día de días en semejantes casas; vestíme sobre todo lo más despacio que me fue posible, como se reconcilia al pie del suplicio el infeliz reo, que quisiera tener cien pecados más que contar para ganar tiempo; era citado a las dos, y entré en la sala a las dos y media.

No quiero hablar de las infinitas visitas ceremoniosas que antes de la hora de comer entraron y salieron en aquella casa, entre las cuales no eran de despreciar todos los empleados de su oficina, con sus señoras y sus niños, y sus capas, y sus paraguas, y sus chanclos, y sus perritos; dejóme en blanco los necios cumplimientos que se dijeron al señor de los días; no hablo del inmenso círculo con que guarnecía la sala el concurso de tantas personas heterogéneas, que hablaron de que el tiempo iba a mudar, y de que en invierno suele hacer más frío que en verano. Vengamos al caso: dieron las cuatro y nos hallamos solos los convidados. Desgraciadamente para mí, el señor de X., que debía divertirnos tanto, gran conocedor de esta clase de convites, había tenido la habilidad de ponerse malo aquella mañana; el famoso T. se hallaba oportunamente comprometido para otro convite; y la señorita que tan bien había de cantar y tocar estaba ronca, en tal disposición que se asombraba ella misma de que se la entendiese una sola palabra, y tenía un panadizo en un dedo. ¡Cuántas esperanzas desvanecidas!

–Supuesto que estamos los que hemos de comer –exclamó don Braulio–, vamos a la mesa, querida mía.

–Espera un momento –le contestó su esposa casi al oído–, con tanta visita yo he faltado algunos momentos de allá dentro y ...

–Bien, pero mira que son las cuatro.

–Al instante comeremos.

Las cinco eran cuando nos sentábamos a la mesa.

–Señores –dijo el anfitrión al vernos titubear en nuestras respectivas colocaciones–, exijo la mayor franqueza; en mi casa no se usan cumplimientos. ¡Ah, Fígaro!, quiero que estés con toda comodidad; eres poeta, y además estos señores, que saben nuestras íntimas relaciones, no se ofenderán si te prefiero; quítate el frac, no sea que le manches.

– ¿Qué tengo de manchar? –le respondí, mordiéndome los labios.

–No importa, te daré una chaqueta mía; siento que no haya para todos.

–No hay necesidad.

– ¡Oh!, sí, sí, ¡mi chaqueta! Toma, mírala; un poco ancha te vendrá.

–Pero, Braulio ...

–No hay remedio, no te andes con etiquetas.

Y en esto me quita él mismo el frac, *velis nolis*,[63] y quedo sepultado en una cumplida chaqueta rayada, por la cual sólo asomaba los pies y la cabeza, y cuyas mangas no me permitirían comer probablemente. Dile las gracias: ¡al fin el hombre creía hacerme un obsequio!

Los días en que mi amigo no tiene convidados se contenta con una mesa baja, poco más que banqueta de zapatero, porque él y su mujer, como dice, ¿para qué quieren más? Desde la tal mesita, y como se sube el agua del pozo, hace subir la comida hasta la boca, adonde llega goteando después de una larga travesía; porque pensar que estas gentes han de tener una mesa regular, y estar cómodas todos los días del año, es pensar en lo excusado. Ya se concibe, pues, que la instalación de una gran mesa de convite era un acontecimiento en aquella casa; así que se había creído capaz de contener catorce personas que éramos en una mesa donde apenas podrían comer ocho cómodamente. Hubimos de sentarnos de medio lado, como quien va a arrimar el hombro a la comida, y entablaron los codos de los convidados íntimas relaciones entre sí con la más fraternal inteligencia del mundo. Colocáronme por mucha distinción entre un niño de cinco años, encaramado en unas almohadas que era preciso enderezar a cada momento porque las ladeaba la natural turbulencia de mi joven adlátere, y entre uno de esos hombres que ocupan en el mundo el espacio y sitio de tres, cuya

63 By force, with no chance of resistance.

corpulencia por todos lados se salía de madre de la única silla en que se hallaba sentado, digámoslo así, como en la punta de una aguja.

Desdobláronse silenciosamente las servilletas, nuevas a la verdad, porque tampoco eran muebles en uso para todos los días, y fueron izadas por todos aquellos buenos señores a los ojales de sus fraques como cuerpos intermedios entre las salsas y las solapas.

–Ustedes harán penitencia,[64] señores –exclamó el anfitrión una vez sentado–; pero hay que hacerse cargo de que no estamos en Genieys –[65] frase que creyó preciso decir.

Necia afectación es ésta, si es mentira, dije yo para mí; y si verdad, gran torpeza convidar a los amigos a hacer penitencia.

Desgraciadamente no tardé mucho en conocer que había en aquella expresión más verdad de la que mi buen Braulio se figuraba. Interminables y de mal gusto fueron los cumplimientos con que para dar y recibir cada plato nos aburrimos unos a otros.

–Sírvase usted.

–Hágame usted el favor.

–De ninguna manera.

–No lo recibiré.

–Páselo usted a la señora.

–Está bien ahí.

–Perdone usted.

–Gracias.

–Sin etiqueta, señores –exclamó Braulio, y se echó el primero con su propia cuchara.

Sucedió a la sopa un cocido surtido de todas las sabrosas impertinencias de este engorrosísimo, aunque buen plato; cruza por aquí la carne; por allá la verdura; acá los garbanzos; allá el jamón; la gallina por derecha; por medio el tocino; por izquierda los embuchados de Extremadura, siguióle un plato de ternera mechada, que Dios maldiga, y a éste otro y otros y otros; mitad traídos de la fonda, que esto basta para que excusemos hacer su elogio, mitad hechos en casa por la criada de todos los días, por una vizcaína auxiliar

64 *Hacer penitencia*: to eat thriftily.
65 A famous nineteenth-century *fonda*, and one of the first public restaurants in Madrid.

tomada al intento para aquella festividad y por el ama de la casa, que en semejantes ocasiones debe estar en todo, y por consiguiente suele no estar en nada.

–Este plato hay que disimularle –decía ésta de unos pichones–; están un poco quemados.

–Pero, mujer ...

–Hombre, me aparté un momento, y ya sabes lo que son las criadas.

– ¡Qué lástima que este pavo no haya estado media hora más al fuego! Se puso algo tarde.

– ¿No les parece a ustedes que está algo ahumado este estofado?

– ¿Qué quieres? Una no puede estar en todo.

–¡Oh, está excelente! –exclamábamos todos dejándonoslo en el plato–. ¡Excelente!

–Este pescado está pasado.

–Pues en el despacho de la diligencia del fresco dijeron que acababa de llegar. ¡El criado es tan bruto!

– ¿De dónde se ha traído este vino?

–En eso no tienes razón, porque es ...

–Es malísimo.

Estos diálogos cortos iban exornados con una infinidad de miradas furtivas del marido para advertirle continuamente a su mujer alguna negligencia, queriendo darnos a entender entrambos a dos que estaban muy al corriente de todas las fórmulas que en semejantes casos se reputan finura, y que todas las torpezas eran hijas de los criados, que nunca han de aprender a servir. Pero estas negligencias se repetían tan a menudo, servían tan poco ya las miradas, que le fue preciso al marido recurrir a los pellizcos y a los pisotones; y ya la señora, que a duras penas había podido hacerse superior hasta entonces a las persecuciones de su esposo, tenía la faz encendida y los ojos llorosos.

–Señora, no se incomode usted por eso –le dijo el que a su lado tenía.

– ¡Ah!, les aseguro a ustedes que no vuelvo a hacer estas cosas en casa; ustedes no saben lo que es esto; otra vez, Braulio, iremos a la fonda y no tendrás ...

–Usted, señora mía, hará lo que ...

– ¡Braulio! ¡Braulio!

Una tormenta espantosa estaba a punto de estallar; empero todos los convidados a porfía probamos a aplacar aquellas disputas, hijas del deseo de dar a entender la mayor delicadeza, para lo cual no fue poca parte la manía de Braulio y la expresión concluyente que dirigió de nuevo a la concurrencia acerca de la inutilidad de los cumplimientos, que así llamaba él a estar bien servido y al saber comer. ¿Hay nada más ridículo que estas gentes que quieren pasar por finas en medio de la más crasa ignorancia de los usos sociales; que para obsequiarle le obligan a usted a comer y beber por fuerza, y no le dejan medio de hacer su gusto? ¿Por qué habrá gentes que sólo quieren comer con alguna más limpieza los días de días?

A todo esto, el niño que a mi izquierda tenía, hacía saltar las aceitunas a un plato de magras con tomate, y una vino a parar a uno de mis ojos, que no volvió a ver claro en todo el día; y el señor gordo de mi derecha había tenido la precaución de ir dejando en el mantel, al lado de mi pan, los huesos de las suyas, y los de las aves que había roído; el convidado de enfrente, que se preciaba de trinchador, se había encargado de hacer la autopsia de un capón, o sea gallo, que esto nunca se supo: fuese por la edad avanzada de la víctima, fuese por los ningunos conocimientos anatómicos del victimario, jamás parecieron las coyunturas.[66] 'Este capón no tiene coyunturas', exclamaba el infeliz sudando y forcejeando, más como quien cava que como quien trincha. ¡Cosa más rara! En una de las embestidas resbaló el tenedor sobre el animal como si tuviera escama, y el capón, violentamente despedido, pareció querer tomar su vuelo como en sus tiempos más felices, y se posó en el mantel tranquilamente como pudiera en un palo de un gallinero.

El susto fue general y la alarma llegó a su colmo cuando un surtidor de caldo, impulsado por el animal furioso, saltó a inundar mi limpísima camisa: levántase rápidamente a este punto el trinchador con ánimo de cazar el ave prófuga, y al precipitarse

---

66 Here, *coyunturas* are the joints of the capon (or perhaps, as Larra suggests, a less expensive old rooster).

sobre ella, una botella que tiene a la derecha, con la que tropieza su brazo, abandonando su posición perpendicular, derrama un abundante caño de Valdepeñas sobre el capón y el mantel; corre el vino, auméntase la algazara, llueve la sal sobre el vino para salvar el mantel; para salvar la mesa se ingiere por debajo de él una servilleta, y una eminencia se levanta sobre el teatro de tantas ruinas. Una criada toda azorada retira el capón en el plato de su salsa; al pasar sobre mí hace una pequeña inclinación, y una lluvia maléfica de grasa desciende, como el rocío sobre los prados, a dejar eternas huellas en mi pantalón color de perla; la angustia y el aturdimiento de la criada no conocen término; retírase atolondrada sin acertar con las excusas; al volverse tropieza con el criado que traía una docena de platos limpios y una salvilla con las copas para los vinos generosos,[67] y toda aquella máquina viene al suelo con el más horroroso estruendo y confusión. '¡Por San Pedro!', exclama dando una voz Braulio difundida ya sobre sus facciones una palidez mortal, al paso que brota fuego el rostro de su esposa. 'Pero sigamos, señores, no ha sido nada', añade volviendo en sí.

¡Oh honradas casas donde un modesto cocido y un principio final[68] constituyen la felicidad diaria de una familia, huid del tumulto de un convite de día de días! Sólo la costumbre de comer y servirse bien diariamente puede evitar semejantes destrozos.

¿Hay más desgracias? ¡Santo cielo! ¡Sí las hay para mí, infeliz! Doña Juana, la de los dientes negros y amarillos, me alarga de su plato y con su propio tenedor una fineza, que es indispensable aceptar y tragar; el niño se divierte en despedir a los ojos de los concurrentes los huesos disparados de las cerezas; don Leandro me hace probar el manzanilla exquisito, que he rehusado, en su misma copa, que conserva las indelebles señales de sus labios grasientos; mi gordo fuma ya sin cesar y me hace cañón de su chimenea; por fin, ¡oh última de las desgracias!, crece el alboroto y la conversación; roncas ya las voces, piden versos y décimas y no hay más poeta que Fígaro.

67 Fortified wines.
68 A *principio* is a course traditionally served between the *cocido* (a typical Spanish stew or hotpot with many regional variations) and dessert.

–Es preciso.

–Tiene usted que decir algo –claman todos.

–Désele pie forzado;[69] que diga una copla a cada uno.

–Yo le daré el pie: 'A don Braulio en este día'.

–Señores, ¡por Dios!

–No hay remedio.

–En mi vida he improvisado.

–No se haga usted el chiquito.[70]

–Me marcharé.

–Cerrar la puerta.

–No se sale de aquí sin decir algo.

Y digo versos por fin, y vomito disparates, y los celebran, y crece la bulla y el humo y el infierno.

A Dios gracias, logro escaparme de aquel nuevo *Pandemonio*.[71] Por fin, ya respiro el aire fresco y desembarazado de la calle; ya no hay necios, ya no hay castellanos viejos a mi alrededor.

–¡Santo Dios, yo te doy gracias, exclamo respirando, como el ciervo que acaba de escaparse de una docena de perros y que oye ya apenas sus ladridos; para de aquí en adelante no te pido riquezas, no te pido empleos, no honores; líbrame de los convites caseros y de días de días; líbrame de estas casas en que es un convite un acontecimiento, en que sólo se pone la mesa decente para los convidados, en que creen hacer obsequios cuando dan mortifica-ciones, en que se hacen finezas, en que se dicen versos, en que hay niños, en que hay gordos, en que reina, en fin, la brutal franqueza de los castellanos viejos! Quiero que, si caigo de nuevo en tenta-ciones semejantes, me falte un *roastbeef*, desaparezca del mundo el *beefsteak*, se anonaden los timbales de macarrones, no haya pavos en Périgueux, ni pasteles en Perigord,[72] se sequen los viñedos de

69 *Pie forzado* was a common poetic pastime that consisted of providing an initial rhyme (often extravagant or difficult in nature) for someone else to improvise a longer poem following its metre and themes.

70 To conceal one's knowledge.

71 Pandemonium was the capital of Hell in John Milton's *Paradise Lost* (1667).

72 Pies from Perigord (France) were popular in the nineteenth century among the European upper classes. The region's capital (Périgueux) was famed for its poul-try, and it gave its name to a truffle-based sauce often used to accompany turkey.

Burdeos, y beban, en fin, todos menos yo la deliciosa espuma del champagne.

Concluida mi deprecación mental, corro a mi habitación a despojarme de mi camisa y de mi pantalón, reflexionando en mi interior que no son unos todos los hombres, puesto que los de un mismo país, acaso de un mismo entendimiento, no tienen las mismas costumbres, ni la misma delicadeza, cuando ven las cosas de tan distinta manera. Vístome y vuelo a olvidar tan funesto día entre el corto número de gentes que piensan, que viven sujetas al provechoso yugo de una buena educación libre y desembarazada, y que fingen acaso estimarse y respetarse mutuamente para no incomodarse, al paso que las otras hacen ostentación de incomodarse, y se ofenden y se maltratan, queriéndose y estimándose tal vez verdaderamente.

El Pobrecito Hablador, n.º 7, 11 de diciembre de 1832.

Vuelva usted mañana

Gran persona debió de ser el primero que llamó pecado mortal a la pereza; nosotros, que ya en uno de nuestros artículos anteriores estuvimos más serios de lo que nunca nos habíamos propuesto, no entraremos ahora en largas y profundas investigaciones acerca de la historia de este pecado, por más que conozcamos que hay pecados que pican en historia, y que la historia de los pecados sería un tanto cuanto divertida. Convengamos solamente en que esta institución ha cerrado y cerrará las puertas del cielo a más de un cristiano.

Estas reflexiones hacía yo casualmente no hace muchos días, cuando se presentó en mi casa un extranjero de estos que, en buena o en mala parte, han de tener siempre de nuestro país una idea exagerada e hiperbólica, de estos que, o creen que los hombres aquí son todavía los espléndidos, francos, generosos y caballerescos seres de hace dos siglos, o que son aún las tribus nómadas del otro lado del Atlante:[73] en el primer caso vienen imaginando que nuestro carácter se conserva intacto como nuestra ruina; en el segundo vienen temblando por esos caminos, y pregunta si son los ladrones que los han de despojar los individuos de algún cuerpo de guardia establecido precisamente para defenderlos de los azares de un camino, comunes a todos los países.

Verdad es que nuestro país no es de aquellos que se conocen a primera ni a segunda vista, y si no temiéramos que nos llamasen atrevidos, lo compararíamos de buena gana a esos juegos de manos[74] sorprendentes e inescrutables para el que ignora su artificio, que estribando en una grandísima bagatela, suelen después de sabidos dejar asombrado de su poca perspicacia al mismo que se devanó los

---

73 The Atlas Mountains, which extend across the northwestern reach of Africa.
74 *Juego de manos*: sleight of hand.

sesos[75] por buscarles causas extrañas. Muchas veces la falta de una causa determinante en las cosas nos hace creer que debe de haberlas profundas para mantenerlas al abrigo de nuestra penetración. Tal es el orgullo del hombre, que más quiere declarar en alta voz que las cosas son incomprensibles cuando no las comprende él, que confesar que el ignorarlas puede depender de su torpeza.

Esto no obstante, comoquiera que entre nosotros mismos se hallen muchos en esta ignorancia de los verdaderos resortes que nos mueven, no tendremos derecho para extrañar que los extranjeros no los puedan tan fácilmente penetrar.

Un extranjero de estos fue el que se presentó en mi casa, provisto de competentes cartas de recomendación para mi persona. Asuntos intrincados de familia, reclamaciones futuras, y aun proyectos vastos concebidos en París de invertir aquí sus cuantiosos caudales en tal cual especulación industrial o mercantil, eran los motivos que a nuestra patria le conducían.

Acostumbrado a la actividad en que viven nuestros vecinos, me aseguró formalmente que pensaba permanecer aquí muy poco tiempo, sobre todo si no encontraba pronto objeto seguro en que invertir su capital. Parecióme el extranjero digno de alguna consideración, trabé presto amistad con él, y lleno de lástima traté de persuadirle a que se volviese a su casa cuanto antes, siempre que seriamente trajese otro fin que no fuese el de pasearse. Admiróle la proposición, y fue preciso explicarme más claro.

–Mirad –le dije–, monsieur Sans-délai[76] –que así se llamaba–; vos venís decidido a pasar quince días, y a solventar en ellos vuestros asuntos.

–Ciertamente –me contestó–. Quince días, y es mucho. Mañana por la mañana buscamos un genealogista para mis asuntos de familia; por la tarde revuelve sus libros, busca mis ascendientes, y por la noche ya sé quién soy. En cuanto a mis reclamaciones, pasado mañana las presento fundadas en los datos que aquél me dé,

75 To rack one's brains.
76 *Monsieur Sans-délai*: as was often common in the writings about customs and manners by Larra and others, the name of this character has allegorical connotations, meaning 'Mr Without-Delay'.

legalizadas en debida forma; y como será una cosa clara y de justicia innegable (pues sólo en este caso haré valer mis derechos), al tercer día se juzga el caso y soy dueño de lo mío. En cuanto a mis especulaciones, en que pienso invertir mis caudales, al cuarto día ya habré presentado mis proposiciones. Serán buenas o malas, y admitidas o desechadas en el acto, y son cinco días; en el sexto, séptimo y octavo, veo lo que hay que ver en Madrid; descanso el noveno; el décimo tomo mi asiento en la diligencia, si no me conviene estar más tiempo aquí, y me vuelvo a mi casa; aún me sobran de los quince cinco días.

Al llegar aquí monsieur Sans-délai traté de reprimir una carcajada que me andaba retozando ya hacía rato en el cuerpo, y si mi educación logró sofocar mi inoportuna jovialidad, no fue bastante a impedir que se asomase a mis labios una suave sonrisa de asombro y de lástima que sus planes ejecutivos me sacaban al rostro mal de mi grado.

–Permitidme, monsieur Sans-délai –le dije entre socarrón y formal–, permitidme que os convide a comer para el día en que llevéis quince meses de estancia en Madrid.

–¿Cómo?

–Dentro de quince meses estáis aquí todavía.

–¿Os burláis?

–No por cierto.

–¿No me podré marchar cuando quiera? ¡Cierto que la idea es graciosa!

–Sabed que no estáis en vuestro país activo y trabajador.

–¡Oh!, los españoles que han viajado por el extranjero han adquirido la costumbre de hablar mal siempre de su país por hacerse superiores a sus compatriotas.

–Os aseguro que en los quince días con que contáis, no habréis podido hablar siquiera a una sola de las personas cuya cooperación necesitáis.

–¡Hipérboles! Yo les comunicaré a todos mi actividad.

–Todos os comunicarán su inercia.

Conocí que no estaba el señor de Sans-délai muy dispuesto a dejarse convencer sino por la experiencia, y callé por entonces, bien seguro de que no tardarían mucho los hechos en hablar por mí.

Amaneció el día siguiente, y salimos entrambos a buscar un genealogista, lo cual sólo se pudo hacer preguntando de amigo en amigo y de conocido en conocido: encontrámosle por fin, y el buen señor, aturdido de ver nuestra precipitación, declaró francamente que necesitaba tomarse algún tiempo; instósele, y por mucho favor nos dijo definitivamente que nos diéramos una vuelta por allí dentro de unos días. Sonreíme y marchámonos. Pasaron tres días; fuimos.

—Vuelva usted mañana —nos respondió la criada—, porque el señor no se ha levantado todavía.

—Vuelva usted mañana —nos dijo al siguiente día—, porque el amo acaba de salir.

—Vuelva usted mañana —nos respondió al otro—, porque el amo está durmiendo la siesta.

—Vuelva usted mañana —nos respondió el lunes siguiente—, porque hoy ha ido a los toros.

¿Qué día, a qué hora se ve a un español? Vímosle por fin, y 'Vuelva usted mañana —nos dijo—, porque se me ha olvidado. Vuelva usted mañana, porque no está en limpio'.

A los quince días ya estuvo; pero mi amigo le había pedido una noticia del apellido Díez, y él había entendido Díaz, y la noticia no servía. Esperando nuevas pruebas, nada dije a mi amigo, desesperado ya de dar jamás con sus abuelos.

Es claro que faltando este principio no tuvieron lugar las reclamaciones.

Para las proposiciones que acerca de varios establecimientos y empresas utilísimas pensaba hacer, había sido preciso buscar un traductor; por los mismos pasos que el genealogista nos hizo pasar el traductor; de mañana en mañana nos llevó hasta el fin del mes. Averiguamos que necesitaba dinero diariamente para comer, con la mayor urgencia; sin embargo, nunca encontraba momento oportuno para trabajar. El escribiente hizo después otro tanto con las copias, sobre llenarlas de mentiras, porque un escribiente que sepa escribir no le hay en este país.

No paró aquí; un sastre tardó veinte días en hacerle un frac, que le había mandado llevarle en veinticuatro horas; el zapatero le obligó con su tardanza a comprar botas hechas; la planchadora necesitó quince días para plancharle una camisola; y el sombrerero a quien le había enviado su sombrero a variar el ala, le tuvo dos días con la cabeza al aire y sin salir de casa.

Sus conocidos y amigos no le asistían a una sola cita, ni avisaban cuando faltaban, ni respondían a sus esquelas. ¡Qué formalidad y qué exactitud!

–¿Qué os parece de esta tierra, monsieur Sans-délai? –le dije al llegar a estas pruebas.

–Me parece que son hombres singulares ...

–Pues así son todos. No comerán por no llevar la comida a la boca.

Presentóse con todo, yendo y viniendo días, una proposición de mejoras para un ramo que no citaré, quedando recomendada eficacísimamente.

A los cuatro días volvimos a saber el éxito de nuestra pretensión.

–Vuelva usted mañana –nos dijo el portero–. El oficial de la mesa no ha venido hoy.

'Grande causa le habrá detenido', dije yo entre mí. Fuímonos a dar un paseo, y nos encontramos, ¡qué casualidad!, al oficial de la mesa en el Retiro, ocupadísimo en dar una vuelta con su señora al hermoso sol de los inviernos claros de Madrid.

Martes era el día siguiente, y nos dijo el portero:

–Vuelva usted mañana, porque el señor oficial de la mesa no da audiencia hoy.

–Grandes negocios habrán cargado sobre él –dije yo.

Como soy el diablo y aun he sido duende,[77] busqué ocasión de echar una ojeada por el agujero de una cerradura. Su señoría estaba echando un cigarrito al brasero, y con una charada del *Correo*[78] entre manos que le debía costar trabajo el acertar.

77 A reference to Larra's first periodical, the *Duende satírico del* día.
78 A *charada* was a poetic riddle that would appear in a periodical for its readers to solve. In this case, the publication alluded is probably the *Correo literario y mercantil* (1828–33).

—Es imposible verle hoy —le dije a mi compañero—; su señoría está en efecto ocupadísimo.

Dionos audiencia el miércoles inmediato, y, ¡qué fatalidad!, el expediente había pasado a informe, por desgracia, a la única persona enemiga indispensable de monsieur y de su plan, porque era quien debía salir en él perjudicado. Vivió el expediente dos meses en informe, y vino tan informado como era de esperar. Verdad es que nosotros no habíamos podido encontrar empeño[79] para una persona muy amiga del informante. Esta persona tenía unos ojos muy hermosos, los cuales sin duda alguna le hubieran convencido en sus ratos perdidos de la justicia de nuestra causa.

Vuelto de informe se cayó en la cuenta en la sección de nuestra bendita oficina de que el tal expediente no correspondía a aquel ramo; era preciso rectificar este pequeño error; pasóse al ramo, establecimiento y mesa correspondiente, y hétenos caminando después de tres meses a la cola siempre de nuestro expediente, como hurón que busca el conejo, y sin poderlo sacar muerto ni vivo de la huronera. Fue el caso al llegar aquí que el expediente salió del primer establecimiento y nunca llegó al otro.

—De aquí se remitió con fecha de tantos —decían en uno.

—Aquí no ha llegado nada —decían en otro.

—¡Voto va![80] —dije yo a monsieur Sans-délai, ¿sabéis que nuestro expediente se ha quedado en el aire como el alma de Garibay,[81] y que debe de estar ahora posado como una paloma sobre algún tejado de esta activa población?

Hubo que hacer otro. ¡Vuelta a los empeños! ¡Vuelta a la prisa! ¡Qué delirio!

—Es indispensable —dijo el oficial con voz campanuda—, que esas cosas vayan por sus trámites regulares.

Es decir, que el toque estaba, como el toque del ejercicio militar, en llevar nuestro expediente tantos o cuantos años de servicio.

Por último, después de cerca de medio año de subir y bajar, y

79 A seldom-used meaning of empeño; here it means 'recommendation'.
80 A colloquial interjection expressive of wrath and anger, similar to ¡Voto a *tal!*
81 A Basque historical figure whose soul, according to popular folklore, still haunted the earth as a ghost (Pérez Vidal, *Fígaro*, p. 45, n. 4).

estar a la firma o al informe, o a la aprobación o al despacho, o debajo de la mesa, y de volver siempre mañana, salió con una notita al margen que decía:

'A pesar de la justicia y utilidad del plan del exponente, negado.'

–¡Ah, ah!, monsieur Sans-délai –exclamé riéndome a carcajadas–; éste es nuestro negocio.

Pero monsieur Sans-délai se daba a todos diablos.

–¿Para esto he echado yo mi viaje tan largo? ¿Después de seis meses no habré conseguido sino que me digan en todas partes diariamente: 'Vuelva usted mañana', y cuando este dichoso 'mañana' llega en fin, nos dicen redondamente que 'no'? ¿Y vengo a darles dinero? ¿Y vengo a hacerles favor? Preciso es que la intriga más enredada se haya fraguado para oponerse a nuestras miras.

–¿Intriga, monsieur Sans-délai? No hay hombre capaz de seguir dos horas una intriga. La pereza es la verdadera intriga; os juro que no hay otra; ésa es la gran causa oculta: es más fácil negar las cosas que enterarse de ellas.

Al llegar aquí, no quiero pasar en silencio algunas razones de las que me dieron para la anterior negativa, aunque sea una pequeña digresión.

–Ese hombre se va a perder –me decía un personaje muy grave y muy patriótico.

–Esa no es una razón –le repuse–: si él se arruina, nada, nada se habrá perdido en concederle lo que pide; él llevará el castigo de su osadía o de su ignorancia.

–¿Cómo ha de salir con su intención?

–Y suponga usted que quiere tirar su dinero y perderse, ¿no puede uno aquí morirse siquiera, sin tener un empeño para el oficial de la mesa?

–Puede perjudicar a los que hasta ahora han hecho de otra manera eso mismo que ese señor extranjero quiere.

–¿A los que lo han hecho de otra manera, es decir, peor?

–Sí, pero lo han hecho.

–Sería lástima que se acabara el modo de hacer mal las cosas. ¿Conque, porque siempre se han hecho las cosas del modo peor posible, será preciso tener consideraciones con los perpetuadores del mal? Antes se debiera mirar si podrían perjudicar los antiguos al moderno.

—Así está establecido; así se ha hecho hasta aquí; así lo seguiremos haciendo.

—Por esa razón deberían darle a usted papilla todavía como cuando nació.

—En fin, señor Fígaro, es un extranjero.

—¿Y por qué no lo hacen los naturales del país?

—Con esas socaliñas vienen a sacarnos la sangre.

—Señor mío —exclamé, sin llevar más adelante mi paciencia—, está usted en un error harto general. Usted es como muchos que tienen la diabólica manía de empezar siempre por poner obstáculos a todo lo bueno, y el que pueda que los venza. Aquí tenemos el loco orgullo de no saber nada, de quererlo adivinar todo y no reconocer maestros. Las naciones que han tenido, ya que no el saber, deseos de él, no han encontrado otro remedio que el de recurrir a los que sabían más que ellas.

'Un extranjero —seguí— que corre a un país que le es desconocido, para arriesgar en él sus caudales, pone en circulación un capital nuevo, contribuye a la sociedad, a quien hace un inmenso beneficio con su talento y su dinero, si pierde es un héroe; si gana es muy justo que logre el premio de su trabajo, pues nos proporciona ventajas que no podíamos acarrearnos solos. Ese extranjero que se establece en este país, no viene a sacar de él el dinero, como usted supone; necesariamente se establece y se arraiga en él, y a la vuelta de media docena de años, ni es extranjero ya ni puede serlo; sus más caros intereses y su familia le ligan al nuevo país que ha adoptado; toma cariño al suelo donde ha hecho su fortuna, al pueblo donde ha escogido una compañera; sus hijos son españoles, y sus nietos lo serán; en vez de extraer el dinero, ha venido a dejar un capital suyo que traía, invirtiéndole y haciéndole producir; ha dejado otro capital de talento, que vale por lo menos tanto como el del dinero; ha dado de comer a los pocos o muchos naturales de quien ha tenido necesariamente que valerse; ha hecho una mejora, y hasta ha contribuido al aumento de la población con su nueva familia. Convencidos de estas importantes verdades, todos los

Gobiernos sabios y prudentes han llamado a sí a los extranjeros: a su grande hospitalidad ha debido siempre la Francia su alto grado de esplendor; a los extranjeros de todo el mundo que ha llamado la Rusia, ha debido el llegar a ser una de las primeras naciones en muchísimo menos tiempo que el que han tardado otras en llegar a ser las últimas; a los extranjeros han debido los Estados Unidos ... Pero veo por sus gestos de usted −concluí interrumpiéndome oportunamente a mí mismo− que es muy difícil convencer al que está persuadido de que no se debe convencer. ¡Por cierto, si usted mandara, podríamos fundar en usted grandes esperanzas!

Concluida esta filípica, fuime en busca de mi Sans-délai.

−Me marcho, señor Fígaro −me dijo−. En este país 'no hay tiempo' para hacer nada; sólo me limitaré a ver lo que haya en la capital de más notable.

−¡Ay, mi amigo! −le dije−, idos en paz, y no queráis acabar con vuestra poca paciencia; mirad que la mayor parte de nuestras cosas no se ven.

−¿Es posible?

−¿Nunca me habéis de creer? Acordaos de los quince días ...

Un gesto de monsieur Sans-délai me indicó que no le había gustado el recuerdo.

−Vuelva usted mañana −nos decían en todas partes−, porque hoy no se ve.

−Ponga usted un memorialito para que le den a usted permiso especial.

Era cosa de ver la cara de mi amigo al oír lo del memorialito: representábasele en la imaginación el informe, y el empeño, y los seis meses, y ... Contentose con decir:

−Soy extranjero. ¡Buena recomendación entre los amables compatriotas míos!

Aturdíase mi amigo cada vez más, y cada vez nos comprendía menos. Días y días tardamos en ver las pocas rarezas que tenemos guardadas. Finalmente, después de medio año largo, si es que puede haber un medio año más largo que otro, se restituyó mi recomendado a su patria maldiciendo de esta tierra, dándome la razón que yo ya antes me tenía, y llevando al extranjero noticias excelentes de nuestras costumbres; diciendo sobre todo que en seis meses no había podido hacer otra cosa sino 'volver siempre mañana', y que a la vuelta de tanto 'mañana', eternamente futuro, lo mejor, o más bien lo único que había podido hacer bueno, había sido marcharse.

¿Tendrá razón, perezoso lector (si es que has llegado ya a esto que estoy escribiendo), tendrá razón el buen monsieur Sans-délai en hablar mal de nosotros y de nuestra pereza? ¿Será cosa de que vuelva el día de mañana con gusto a visitar nuestros hogares? Dejemos esta cuestión para mañana, porque ya estarás cansado de leer hoy: si mañana u otro día no tienes, como sueles, pereza de volver a la librería, pereza de sacar tu bolsillo, y pereza de abrir los ojos para hojear las hojas que tengo que darte todavía, te contaré cómo a mí mismo, que todo esto veo y conozco y callo mucho más, me ha sucedido muchas veces, llevado de esta influencia, hija del clima y de otras causas, perder de pereza más de una conquista amorosa; abandonar más de una pretensión empezada, y las esperanzas de más de un empleo, que me hubiera sido acaso, con más actividad, poco menos que asequible; renunciar, en fin, por pereza de hacer una visita justa o necesaria, a relaciones sociales que hubieran podido valerme de mucho en el transcurso de mi vida; te confesaré que no hay negocio que no pueda hacer hoy que no deje para mañana; te referiré que me levanto a las once, y duermo siesta; que paso haciendo el quinto pie de la mesa de un café, hablando o roncando, como buen español, las siete y las ocho horas seguidas; te añadiré que cuando cierran el café, me arrastro lentamente a mi tertulia diaria (porque de pereza no tengo más que una), y un cigarrito tras otro me alcanzan clavado en un sitial, y bostezando sin cesar, las doce o la una de la madrugada; que muchas noches no ceno de pereza, y de pereza no me acuesto; en fin, lector de mi alma, te declararé que de tantas veces como estuve en esta vida desesperado, ninguna me ahorqué y siempre fue de pereza. Y concluyo por hoy confesándote que ha más de tres meses que tengo, como la primera entre mis apuntaciones, el título de este artículo, que llamé 'Vuelva usted mañana'; que todas las noches y muchas tardes he querido durante ese tiempo escribir algo en él, y todas las noches apagaba mi luz diciéndome a mí mismo con la más pueril credulidad en mis propias resoluciones: '¡Eh!, ¡mañana le escribiré!'. Da gracias a que llegó por fin este mañana que no es del todo malo: pero ¡ay de aquel mañana que no ha de llegar jamás!

El Pobrecito Hablador, n.º 11, enero de 1833.

El mundo todo es máscaras.
Todo el año es carnaval

¿Qué gente hay allá arriba, que anda tal estrépito? ¿Son locos?
Moratín, *Comedia nueva*[82]

No hace muchas noches que me hallaba encerrado en mi cuarto, y entregado a profundas meditaciones filosóficas, nacidas de la dificultad de escribir diariamente para el público. ¿Cómo contentar a los necios y a los discretos, a los cuerdos y a los locos, a los ignorantes y los entendidos que han de leerme, y sobre todo a los dichosos y a los desgraciados, que con tan distintos ojos suelen ver una misma cosa?

Animado con esta reflexión, cogí la pluma y ya iba a escribir nada menos que un elogio de todo lo que veo a mi alrededor, el cual pensaba rematar con cierto discurso encomiástico acerca de lo adelantado que está el arte de la declamación en el país, para contentar a todo el que se me pusiera por delante, que esto es lo que conviene en estos tiempos tan valentones que corren; pero tropecé con el inconveniente de que los hombres sensatos habían de sospechar que el dicho elogio era burla, y esta reflexión era más pesada que la anterior.

Al llegar aquí arrojé la pluma, despechado y decidido a consultar todavía con la almohada si en los términos de lo lícito me quedaba algo que hablar, para lo cual determiné verme con un amigo, abogado *por más señas*, lo que basta para que se infiera si debe de ser hombre entendido, y que éste, registrando su *Novísima* y sus *Partidas*,[83] me dijese para de aquí en adelante qué es lo que me está prohibido, pues en verdad que es mi mayor deseo ir con la

---

82   Moratín, *La comedia nueva o El café*, I, 1.
83   Two important legal texts: the *Novísima Recopilación de las Leyes de España* (1805) and Alfonso X's *Partidas*, a statutory code dating back to the thirteenth century, parts of which were still current in the 1830s.

corriente de las cosas sin andarme a buscar 'cotufas en el golfo',[84] ni el mal fuera de mi casa, cuando dentro de ella tengo el bien.

En esto estaba ya para dormirme, a lo cual había contribuido no poco el esfuerzo que había hecho para componer mi elogio de modo que tuviera trazas de cosa formal; pero Dios no lo quiso así, o a lo que yo tengo por más cierto, un amigo que me alborotó la casa, y que se introdujo en mi cuarto dando voces en los términos siguientes, u otros semejantes:

–¡Vamos a las máscaras, Bachiller! –me gritó.

–¿A las máscaras?

–No hay remedio; tengo un coche a la puerta, ¡a las máscaras! Iremos a algunas casas particulares, y concluiremos la noche en uno de los grandes bailes de suscripción.

–Que te diviertas: yo me voy a acostar.

–¡Qué despropósito! No lo imagines: precisamente te traigo un dominó negro y una careta.

–¡Adiós! Hasta mañana.

–¿Adónde vas? Mira, mi querido Munguía,[85] tengo interés en que vengas conmigo; sin ti no voy, y perderé la mejor ocasión del mundo ...

–¿De veras?

–Te lo juro.

–En ese caso, vamos. ¡Paciencia! Te acompañaré.

De mala gana entré dentro de un amplio ropaje, bajé la escalera, y me dejé arrastrar al compás de las exclamaciones de mi amigo, que no cesaba de gritarme:

–¡Cómo nos vamos a divertir! ¡Qué noche tan deliciosa hemos de pasar!

Era el coche alquilón; a ratos parecía que andábamos tanto atrás como adelante, a modo de quien pisa nieve; a rato que estábamos columpiándonos en un mismo sitio; llegó por fin a ser tan completa la ilusión, que temeroso yo de alguna pesada burla de carnaval,

---

84 *Pedir cotufas en el golfo*: 'to ask for impossible things'.
85 Bachiller Juan Pérez de Munguía was the pseudonym used by Larra in *El Pobrecito Hablador*.

parecida al viaje de Don Quijote y Sancho en el Clavileño,[86] abrí la ventanilla más de una vez, deseoso de investigar si después de media hora de viaje estaríamos todavía a la puerta de mi casa, o si habríamos pasado ya la línea, como en la aventura de la barca del Ebro.[87]

Ello parecerá increíble, pero llegamos, quedándome yo, sin embargo, en la duda de si habría andado el coche hacia la casa o la casa hacia el coche; subimos la escalera, verdadera imagen de la primera confusión de los elementos: un Edipo,[88] sacando el reloj y viendo la hora que era; una vestal, atándose una liga elástica y dejando a su criado los chanclos y el capote escocés para la salida; un romano coetáneo de Catón[89] dando órdenes a su cochero para encontrar su landó dos horas después; un indio no conquistado todavía por Colón, con su papeleta impresa en la mano y bajando de un birlocho; un Oscar[90] acabando de fumar un cigarrillo de papel para entrar en el baile; un moro santiguándose asombrado al ver el gentío; cien dominós, en fin, subiendo todos los escalones sin que se sospechara que hubiese dentro quien los moviese y tapándose todos las caras, sin saber los más para qué, y muchos sin ser conocidos de nadie.

Después de un molesto reconocimiento del billete y del sello y la rúbrica y la contraseña, entramos en una salita que no tenía más defecto que estar las paredes demasiado cerca unas de otras; pero ello es más preciso tener máscaras que sala donde coloca las.

---

86 In Cervantes's *Don Quijote*, Clavileño was a wooden horse on whose back Don Quijote and Sancho rode while blindfolded, and were tricked into believing that they had undertaken a wondrous flight through the air (II, 40–2).

87 Another reference to *Don Quijote*. In II, 29, Don Quijote and Sancho come across a boat moored on the River Ebro that the latter believes to have been left intentionally by an enchanter to that he can embark upon an adventure. In the novel, Don Quijote believes, shortly after setting off, that they might have already crossed the *línea equinoccial* (equator).

88 Oedipus, the mythical King of Thebes.

89 Cato the Elder, a Roman statesman (234–149 BC).

90 Pérez Vidal (*Fígaro*, p. 667, n. 8) rightly points out that this should be a reference to Oscar, the son of Ossian, the legendary warrior poet who narrates the cycle of epic poems based on Gaelic mythology published by James MacPherson from 1760 on. The poems were very popular internationally as well as being central to the development of European Romanticism.

Algún ciego[91] alquilado para toda la noche, como la araña y la alfombra, y para descansarle un *piano*, tan *piano*[92] que nadie lo consiguió oír jamás, eran la música del baile, donde nadie bailó. Poníanse, sí, de vez en cuando a modo de parejas la mitad de los concurrentes, y dábanse con la mayor intención de ánimo sendos encontrones a derecha e izquierda, y aquello era el bailar, si se nos permite esta expresión.

Mi amigo no encontró lo que buscaba, y según yo llegué a presumir, consistió en que no buscaba nada, que es precisamente lo mismo que a otros muchos les acontece. Algunas madres, sí, buscaban a sus hijas, y algunos maridos a sus mujeres; pero ni una sola hija buscaba a su madre, ni una sola mujer a su marido.

–Acaso –decían– se habrán quedado dormidas entre la confusión en alguna otra pieza ...

–Es posible –decía yo para mí–, pero no es probable.

Una máscara vino disparada hacia mí.

–¿Eres tú? –me preguntó misteriosamente.

–Yo soy –le respondí, seguro de no mentir.

–Conocí el dominó; pero esta noche es imposible: Paquita está ahí, más el marido se ha empeñado en venir; no sabemos por dónde diantres ha encontrado billetes.

–¡Lástima grande!

–¡Mira tú qué ocasión! Te hemos visto, y no atreviéndose a hablarte ella misma, me envía para decirte que mañana sin falta os veréis en la Sartén[93] ... Dominó encarnado y lazos blancos.

–Bien.

–¿Estás?

–No faltaré.

–¿Y tu mujer, hombre? –le decía a un ente rarísimo que se había vestido todo de cuernecitos de abundancia, un dominó negro que llevaba otro igual del brazo.

–Durmiendo estará ahora; por más que he hecho, no he podido decidirla a que venga; no hay otra más enemiga de diversiones.

91 A blind singer of *romances* or popular ballads.
92 A play on words: *piano* means 'soft' in Italian.
93 The theatre at Calle de la Sartén (Pérez Vidal, *Fígaro*, p. 668, n. 9).

–Así descansas tú en su virtud: ¿piensas estar aquí toda la noche?

–No, hasta las cuatro.

–Haces bien.

En esto se había alejado el de los cuernecillos, y entreoí estas palabras:

–Nada ha sospechado.

–¿Cómo era posible? Si salí una hora después que él ...

–¿A las cuatro ha dicho?

–Sí.

–Tenemos tiempo. ¿Estás segura de la criada?

–No hay cuidado alguno, porque ...

Una oleada cortó el hilo de mi curiosidad; las demás palabras del diálogo se confundieron con las repetidas voces de: '¿Me conoces?', 'Te conozco', etcétera, etcétera.

¿Pues no parecía estrella mía haber traído esta noche un dominó igual al de todos los amantes, más feliz por cierto que Quevedo, que se parecía de noche a cuantos esperaban para pegarlos?[94]

–¡Chis! ¡Chis! Por fin te encontré –me dijo otra máscara esbelta asiéndome del brazo, y con su voz tierna y agitada por la esperanza satisfecha–. ¿Hace mucho que me buscabas?

–No por cierto, porque no esperaba encontrarte.

–¡Ay! ¡Cuánto me has hecho pasar desde antes de anoche! No he visto hombre más torpe; yo tuve que componerlo todo; y la fortuna fue haber convenido antes en no darnos nuestros nombres, ni aun por escrito. Si no ...

–¿Pues qué hubo?

–¿Qué había de haber? El que venía conmigo era Carlos mismo.

–¿Qué dices?

–Al ver que me alargabas el papel, tuve que hacerme la desentendida y dejarlo caer, pero él le vio y le cogió. ¡Qué angustias!

–¿Y cómo saliste del paso?

–Al momento me ocurrió una idea. '¿Qué papel es ese?', le dije. 'Vamos a verle; será de algún enamorado': se lo arrebato, veo que

94 A reference to the ballad 'Parióme adrede mi madre', by the poet Francisco de Quevedo (1580–1645) (Luis Díaz Larios, *Artículos de costumbres*, p. 170, n. 4).

110

empieza 'querida Anita'; cuando no vi mi nombre respiré; empecé a echarlo a broma. '¿Quién será el desesperado?', le decía riéndome a carcajadas; 'veamos.' Y él mismo leyó el billete, donde me decías que esta noche nos veríamos aquí, si podía venir sola. ¡Si vieras cómo se reía!

–¡Cierto que fue gracioso!

–Sí, pero, por Dios, 'don Juan, de éstas, pocas'.[95]

Acompañé largo rato a mi amante desconocida, siguiendo la broma lo mejor que pude ... El lector comprenderá fácilmente que bendije las máscaras, y sobre todo el talismán de mi impagable dominó.

Salimos por fin de aquella casa, y no pude menos de soltar la carcajada al oír a un máscara que a mi lado bajaba:

–¡Pesia a mí! –le decía a otro–; no ha venido; toda la noche he seguido a otra creyendo que era ella, hasta que se ha quitado la careta. ¡La vieja más fea de Madrid! No ha venido; en mi vida pasé rato más amargo. ¿Quién sabe si el papel de la otra noche lo habrá echado todo a perder? Si don Carlos lo cogió ...

–Hombre, no tengas cuidado.

–¡Paciencia! Mañana será otro día. Yo con ese temor me he guardado muy bien de traer el dominó cuyas señas le daba en la carta.

–Hiciste bien.

–Perfectísimamente –repetí yo para mí, y salíme riendo de los azares de la vida.

Bajamos atropellando un rimero de criados y capas tendidos aquí y allí por la escalera. La noche no dejó de tener tampoco algún contratiempo para mí. Yo me había llevado la querida de otro; en justa compensación otro se había llevado mi capa, que debía parecerse a la suya, como se parecía mi dominó al del desventurado querido. 'Ya estás vengado –exclamé–, oh burlado mancebo.' Felizmente yo, al entregarla en la puerta, había tenido la previsión de despedirme de ella tiernamente para toda mi vida. ¡Oh previsión

---

95 A proverb that works to prevent dangerous situations, according to Estruch (309, n. 8).

oportuna! Ciertamente que no nos volveremos a encontrar mi capa y yo en este mundo perecedero; había salido ya de la casa, había andado largo trecho, y aún volvía la cabeza de rato en rato hacia sus altas paredes, como Héctor al dejar a su Andrómaca, diciendo para mí: 'Allí quedó, allí la dejé, allí la vi por la última vez'.[96]

Otras casas recorrimos, en todas el mismo cuadro: en ninguna nos admiró encontrar intrigas amorosas, madres burladas, chasqueados esposos o solícitos amantes. No soy de aquellos que echan de menos la acción en una buena cantatriz, o alaban la voz de un mal comediante, y por tanto no voy a buscar virtudes a las máscaras. Pero nunca llegué a comprender el afán que por asistir al baile había manifestado tantos días seguidos don Cleto, que hizo toda la noche de una silla cama y del estruendo arrullo; no entiendo todavía a don Jorge cuando dice que estuvo en la función, habiéndole visto desde que entró hasta que salió en derredor de una mesa en un verdadero *écarté*.[97] Toda la diferencia estaba en él con respecto a las demás noches, en ganar o perder vestido de moharracho. Ni me sé explicar de una manera satisfactoria la razón en que se fundan para creer ellos mismos que se divierten un enjambre de máscaras que vi buscando siempre, y no encontrando jamás, sin hallar a quien embromar ni quien los embrome, que no bailan, que no hablan, que vagan errantes de sala en sala, como si de todas les echaran, imitando el vuelo de la mosca, que parece no tener nunca objeto determinado. ¿Es por ventura un apetito desordenado de hallarse donde se hallan todos, hijo de la pueril vanidad del hombre? ¿Es por aturdirse a sí mismos y creerse felices por espacio de una noche entera? ¿Es por dar a entender que también tienen un interés y una intriga? Algo nos inclinamos a creer lo último, cuando observamos que los más de éstos os dicen, si los habéis conocido: '¡Chitón! ¡Por Dios! No digáis nada a nadie'. Seguidlos, y os convenceréis de que no tienen motivos ni para descubrirse ni para taparse. Andan, sudan, gastan, salen quebrantados del baile ... nunca empero se les olvida salir los últimos, y decir al despedirse: '¿Mañana es el baile en

96 A reference to Homer's *Iliad* (book VI), and to the farewell between Andromache and Hector before the latter marches off to war.
97 A card game originating from France.

Solís? Pues hasta mañana.' '¿Pasado mañana es en San Bernardino? ¡Diez onzas diera por un billete!'

Ya que sin respeto a mis lectores me he metido en estas reflexiones filosóficas, no dejaré pasar en silencio antes de concluirlas la más principal que me ocurría. ¿Qué mejor careta ha menester don Braulio que su hipocresía? Pasa en el mundo por un santo, oye misa todos los días, y reza sus devociones; a merced de esta máscara que tiene constantemente adoptada, mirad cómo engaña, cómo intriga, cómo murmura, cómo roba ... ¡Qué empeño de no parecer Julianita lo que es! ¿Para eso sólo se pone un rostro de cartón sobre el suyo? ¿Teme que sus facciones delaten su alma? Viva tranquila; tampoco ha menester careta. ¿Veis su cara angelical? ¡Qué suavidad! ¡Qué atractivo! ¡Cuán fácil trato debe de tener! No puede abrigar vicio alguno. Miradla por dentro, observadores de superficies: no hay día que no engañe a un nuevo pretendiente; veleidosa, infiel, perjura, desvanecida, envidiosa, áspera con los suyos, insufrible y altanera con su esposo: ésa es la hermosura perfecta, cuya cara os engaña más que su careta. ¿Veis aquel hombre tan amable y tan cortés, tan comedido con las damas en sociedad? ¡Qué deferencia! ¡Qué previsión! ¡Cuán sumiso debe ser! No le escoja sólo por eso para esposo, encantadora Amelia; es un tirano grosero de la que le entrega su corazón. Su cara es también más pérfida que su careta; por ésta no estás expuesta a equivocarte, porque nada juzgas por ella; ¡pero la otra ...! Imperfecta discípula de Lavater,[98] crees que debe ser tu clave, y sólo puede ser un pérfido guía, que te entrega a tu enemigo.

Bien presumirá el lector que al hacer estas metafísicas indagaciones algún pesar muy grande debía afligirme, pues nunca está el hombre más filósofo que en sus malos ratos; el que no tiene fortuna se encasqueta su filosofía, como un falto de pelo su *bisoñé*; la filosofía es, efectivamente, para el desdichado lo que la peluca para el calvo; de ambas maneras se les figura a entrambos que ocultan a los ojos de los demás la inmensa laguna que dejó en ellos por llenar la naturaleza madrastra.

98 The Swiss philosopher Johan Kaspar Lavater (1741–1801), whose writings on physiognomy (the elucidation of a person's character from their outside appearance, in particular their face) were very influential at the time.

113

Así era: un pesar me afligía. Habíamos entrado ya en uno de los principales bailes de esta corte; el continuo transpirar, el estar en pie la noche entera, la hora avanzada y el mucho cavilar, habían debilitado mis fuerzas en tales términos que el hambre era a la sazón mi maestro de filosofía. Así de mi amigo, y de común acuerdo nos decidimos a cenar lo más espléndidamente posible. ¡Funesto error! Así se refugiaban máscaras a aquel estrecho local, y se apiñaban y empujaban unas a otras, como si fuera de la puerta las esperase el más inminente peligro. Iban y venían los mozos aprovechando claros y describiendo sinuosidades, como el arroyo que va buscando para correr entre las breñas las rendijas y agujeros de las piedras. Era tarde ya; apenas había un plato de que disponer; pedimos sin embargo, de lo que había, y nos trajeron varios restos de manjares que alguno que había cenado antes que nosotros había tenido la previsión de dejar sobrantes. 'Hicimos semblante'[99] de comer, según decían nuestros antepasados, y como dicen ahora nuestros vecinos, y pagamos como si hubiéramos comido. Ésta ha sido la primera vez en mi vida, salí diciendo, que me ha costado dinero un rato de hambre.

Entrámonos de nuevo en el salón de baile y, cansado ya de observar y de oír sandeces, prueba irrefragable de lo reducido que es el número de hombres dotados por el cielo con travesura y talento, toda mi ambición se limitó a conquistar con los codos y los pies un rincón donde ceder algunos minutos a la fatiga. Allí me recosté, púseme la careta para poder dormir sin excitar la envidia de nadie, y columpiándose mi imaginación entre mil ideas opuestas, hijas de la confusión de sensaciones encontradas de un baile de máscaras, me dormí, mas no tan tranquilamente como lo hubiera yo deseado.

Los fisiólogos saben mejor que nadie, según dicen, que el sueño y el ayuno, prolongado sobre todo, predisponen la imaginación débil y acalorada del hombre a las visiones nocturnas y aéreas, que vienen a tornar en nuestra irritable fantasía formas corpóreas cuando están nuestros párpados aletargados por Morfeo.[100]

---

99 *Hacer semblante de*: to provide an impression of.
100 Morpheus, the Greek god of dreams.

Más de cuatro que han pasado en este bajo suelo por haber visto realmente lo que realmente no existe, han debido al sueño y al ayuno sus estupendas apariciones. Esto es precisamente lo que a mí me aconteció, porque al fin, según expresión de Terencio, *homo sum et nihil humani a me alienum puto.*[101] No bien había cedido al cansancio, cuando imaginé hallarme en una profunda oscuridad; reinaba el silencio en torno mío; poco a poco una luz fosfórica fue abriéndose paso lentamente por entre las tinieblas, y una redoma mágica se me fue acercando misteriosamente por sí sola, como un luminoso meteoro. Saltó un tapón con que venía herméticamente cerrada, un torrente de luz se escapó de su cuello destapado, y todo volvió a quedar en la oscuridad. Entonces sentí una mano fría como el mármol que se encontró con la mía; un sudor yerto me cubrió; sentí el crujir de la ropa de una fantasma bulliciosa que ligeramente se movía a mi lado, y una voz semejante a un leve soplo me dijo con acentos que no tienen entre los hombres signos representativos: 'Abre los ojos, Bachiller; si te inspiro confianza, sígueme'; el aliento me faltó flaquearon mis rodillas; pero la fantasma despidió de sí un pequeño resplandor, semejante al que produce un fumador en una escalera tenebrosa aspirando el humo de su cigarro, y a su escasa luz reconocí brevemente a Asmodeo, héroe del *Diablo Cojuelo.*[102]

–Te conozco –me dijo–, no temas; vienes a observar el carnaval en un baile de máscaras. ¡Necio!, ven conmigo; do quiera hallarás máscaras, do quiera carnaval, sin esperar al segundo mes del año.

Arrebatóme entonces insensible y rápidamente, no sé si sobre algún dragón alado, o vara mágica, o cualquier otro bagaje de esta especie. Ello fue que alzarme del sitio que ocupaba y encontrarnos suspendidos en la atmósfera sobre Madrid, como el águila que se columpia en el aire buscando con vista penetrante su temerosa presa, fue obra de un instante. Entonces vi al través de los tejados como pudiera al través del vidrio de un excelente anteojo de larga vista.

–Mira –me dijo mi extraño *cicerone*–. ¿Qué ves en esa casa?

---

101 From Publius Terentius' *Heauton Timorumenos*, meaning 'I am a man and nothing human is alien to me' (I, 1).
102 See Introduction, p. 1.

–Un joven de sesenta años disponiéndose a asistir a una *suaré*;[103] pantorrillas postizas, porque va de calzón; un frac diplomático; todas las maneras afectadas de un seductor de veinte años; una persuasión, sobre todo, indestructible de que su figura hace conquistas todavía ...

–¿Y allí?

–Una mujer de cincuenta años.

–Obsérvala; se tiñe los blancos cabellos.

–¿Qué es aquello?

–Una caja de dientes; a la izquierda una pastilla de color; a la derecha un polisón.

–¡Cómo se ciñe el corsé! Va a exhalar el último aliento.

–Repara su gesticulación de coqueta.

–¡Ente execrable! ¡Horrible desnudez!

–Más de una ha deslumbrado tus ojos en algún sarao, que debieras haber visto en ese estado para ahorrarte algunas locuras.

–¿Quién es aquel más allá?

–Un hombre que pasa entre vosotros los hombres por sensato; todos le consultan: es un célebre abogado; la librería que tiene al lado es el disfraz con que os engaña. Acaba de asegurar a un litigante con sus libros en la mano que su pleito es imperdible; el litigante ha salido; mira cómo cierra los libros en cuanto salió, como tú arrojarás la careta en llegando a tu casa. ¿Ves su sonrisa maligna? Parece decir: venid aquí, necios; dadme vuestro oro; yo os daré papeles, yo os daré frases. Mañana seré juez; seré el intérprete de Temis.[104] ¿No te parece ver al loco de Cervantes, que se creía Neptuno?[105]

Observa más abajo: un moribundo; ¿oyes cómo se arrepiente de sus pecados? Si vuelve a la vida, tornará a las andadas. A su cabecera tiene a un hombre bien vestido, un bastón en una mano, una receta en la otra: 'O la tomas, o te pego. Aquí tienes la salud', parece decirle, 'yo sano los males, yo los conozco'; observa con qué seriedad lo dice; parece que lo cree él mismo; parece perdonarle la

---

103 An adaptation of the French *soirée* (evening party).
104 In Greek mythology Themis was an ancient Greek Titaness, known as the god of counsel.
105 A reference to an episode in Cervantes's *Don Quijote* (II, 1).

vida que se le escapa ya al infeliz. 'No hay cuidado', sale diciendo; ya sube en su bombé; ¿oyes el chasquido del látigo?

–Sí.

–Pues oye también el último ay del moribundo, que va a la eternidad, mientras que el doctor corre a embromar a otro con su disfraz de sabio. Ven a ese otro barrio.

–¿Qué es eso?

–Un duelo. ¿Ves esas caras tan compungidas?

–Sí.

–Míralas con este anteojo.

–¡Cielos! La alegría rebosa dentro, y cuenta los días que el decoro le podrá impedir salir al exterior.

–Mira una boda; con qué buena fe se prometen los novios eterna constancia y fidelidad.

–¿Quién es aquél?

–Un militar; observa cómo se paga de aquel oro que adorna su casaca. ¡Qué de trapitos de colores se cuelga de los ojales! ¡Qué vano se presenta! 'Yo sé ganar batallas', parece que va diciendo.

–¿Y no es cierto? Ha ganado la de ***.

–¡Insensato! Ésa no la ganó él, sino que la perdió el enemigo.

–Pero ...

–No es lo mismo.

–¿Y la otra de ***?

–La casualidad ... Se está vistiendo de grande uniforme, es decir, disfrazando; con ese disfraz todos le dan V.E.; él y los que así le ven, creen que ya no es un hombre como todos.

–Ya lo ves; en todas partes hay máscaras todo el año; aquel mismo amigo que te quiere hacer creer que lo es, la esposa que dice que te ama, la querida que te repite que te adora, ¿no te están embromando toda la vida? ¿A qué, pues, esa prisa de buscar billetes? Sal a la calle y verás las máscaras de balde.[106] Sólo te quiero enseñar, antes de volverte a llevar donde te he encontrado –concluyó Asmodeo–, una casa donde dicen especialmente que no las hay este año. Quiero desencantarte.

106 *De balde*: for free.

Al decir esto pasábamos por el teatro.

–Mira allí –me dijo– a un autor de comedia. Dice que es un gran poeta. Está muy persuadido de que ha escrito los sentimientos de Orestes y de Nerón y de Otelo[107] ... ¡Infeliz! ¿Pero qué mucho? Un inmenso concurso se lo cree también. ¡Ya se ve! Ni unos ni otros han conocido a aquellos señores. Repara y ríete a tu salvo. ¿Ves aquellos grandes palos pintados, aquellos lienzos corredizos? Dicen que aquello es el campo, y casas, y habitaciones, ¡y qué más sé yo! ¿Ves aquel que sale ahora? Aquél dice que es el grande sacerdote de los griegos, y aquel otro Edipo, ¿los conoces tú?

–Sí; por más señas que esta mañana los vi en misa.

–Pues míralos; ahora se desnudan, y el gran sacerdote, y Edipo, y Yocasta,[108] y el pueblo tebano entero, se van a cenar sin más acompañamiento, y dejándose a su patria entre bastidores, algún carnero verde,[109] o si quieres un excelente *beefsteak* hecho en casa de Genyeis.[110] ¿Quieres oír a Semíramis?[111]

–¿Estás loco, Asmodeo? ¿A Semíramis?

–Sí; mírala; es una excelente conocedora de la música de Rossini. ¿Oíste qué bien cantó aquel adagio? Pues es la viuda de Nino;[112] ya expira; a imitación del cisne, canta y muere.

Al llegar aquí estábamos ya en el baile de máscaras; sentí un golpe ligero en una de mis mejillas. '¡Asmodeo!', grité. Profunda oscuridad; silencio de nuevo en torno mío. '¡Asmodeo!', quise gritar de nuevo; despiértame empero el esfuerzo. Llena aún mi fantasía de mi nocturno viaje, abro los ojos, y todos los trajes apiñados, todos los países me rodean en breve espacio; un chino, un marinero, un abate, un indio, un ruso, un griego, un romano, un escocés ... ¡Cielos! ¿Qué es esto? ¿Ha sonado ya la trompeta final? ¿Se han

---

107 Recurrent characters in plays and operas: Orestes, the son of Agamemnon and Clytemnestra, the Roman emperor Nero, and Orlando.

108 In Greek mythology, Jocasta was Oedipus's mother.

109 *Carnero verde*: a mutton stew, green in colour owing to the presence of parsley.

110 'Genieys', see note 65.

111 The main character from *Sermiramide* (1823), an opera by Gioachino Rossini.

112 The King of Babylon in Rossini's opera.

congregado ya los hombres de todas las épocas y de todas las zonas de la tierra, a la voz del Omnipotente, en el valle de Josafat[113] ...? Poco a poco vuelvo en mí, y asustando a un turco y una monja entre quienes estoy, exclamo con toda la filosofía de un hombre que no ha cenado, e imitando las expresiones de Asmodeo, que aún suenan en mis oídos: 'El mundo todo es máscaras: todo el año es carnaval'.

El Pobrecito Hablador, n.º 12, 14 de marzo de 1833.

113 The Valley of Josaphat is a place mentioned in the Bible where, according to some Christians, the Last Judgement will take place.

En este país

Hay en el lenguaje vulgar frases afortunadas que nacen en buena hora y que se derraman por toda una nación, así como se propagan hasta los términos de un estanque las ondas producidas por la caída de una piedra en medio del agua. Muchas de este género pudiéramos citar, en el vocabulario político, sobre todo; de esta clase son aquellas que, halagando las pasiones de los partidos, han resonado tan funestamente en nuestros oídos en los años que van pasados de este siglo, tan fecundo en mutaciones de escena y en cambio de decoraciones. Cae una palabra de los labios de un perorador en un pequeño círculo, y un gran pueblo, ansioso de palabras, la recoge, la pasa de boca en boca, y con la rapidez del golpe eléctrico un crecido número de máquinas vivientes la repite y la consagra, las más veces sin entenderla, y siempre sin calcular que una palabra sola es a veces palanca suficiente a levantar la muchedumbre, inflamar los ánimos y causar en las cosas una revolución.

Estas voces favoritas han solido siempre desaparecer con las circunstancias que las produjeran. Su destino es, efectivamente, como sonido vago que son, perderse en la lontananza, conforme se apartan de la causa que las hizo nacer. Una frase, empero, sobrevive siempre entre nosotros, cuya existencia es tanto más difícil de concebir, cuanto que no es de la naturaleza de esas de que acabamos de hablar; éstas sirven en las revoluciones a lisonjear a los partidos y a humillar a los caídos, objeto que se entiende perfectamente, una vez conocida la generosa condición del hombre; pero la frase que forma el objeto de este artículo se perpetúa entre nosotros, siendo sólo un funesto padrón de ignominia para los que la oyen y para los mismos que la dicen; así la repiten los vencidos como los vencedores, los que no pueden como los que no quieren extirparla; los propios, en fin, como los extraños.

'En este país ...', ésta es la frase que todos repetimos a porfía, frase que sirve de clave para toda clase de explicaciones, cualquiera que sea la cosa que a nuestros ojos choque en mal sentido. '¿Qué quiere usted?' –decimos–, '¡en este país!' Cualquier acontecimiento desagradable que nos suceda, creemos explicarle perfectamente con la frasecilla: '¡Cosas de este país!', que con vanidad pronunciamos y sin pudor alguno repetimos.

¿Nace esta frase de un atraso reconocido en toda la nación? No creo que pueda ser éste su origen, porque sólo puede conocer la carencia de una cosa el que la misma cosa conoce: de donde se infiere que si todos los individuos de un pueblo conociesen su atraso, no estarían realmente atrasados. ¿Es la pereza de imaginación o de raciocinio que nos impide investigar la verdadera razón de cuanto nos sucede, y que se goza en tener una muletilla siempre a mano con que responderse a sus propios argumentos, haciéndose cada uno la ilusión de no creerse cómplice de un mal, cuya responsabilidad descarga sobre el estado del país en general? Esto parece más ingenioso que cierto.

Creo entrever la causa verdadera de esta humillante expresión. Cuando se halla un país en aquel crítico momento en que se acerca a una transición, y en que, saliendo de las tinieblas, comienza a brillar a sus ojos un ligero resplandor, no conoce todavía el bien, empero ya conoce el mal, de donde pretende salir para probar cualquiera otra cosa que no sea lo que hasta entonces ha tenido. Sucédele lo que a una joven bella que sale de la adolescencia; no conoce el amor todavía ni sus goces; su corazón, sin embargo, o la naturaleza, por mejor decir, le empieza a revelar una necesidad que pronto será urgente para ella, y cuyo germen y cuyos medios de satisfacción tiene en sí misma, si bien los desconoce todavía; la vaga inquietud de su alma, que busca y ansía, sin saber qué, la atormenta y la disgusta de su estado actual y del anterior en que vivía; y vésela despreciar y romper aquellos mismos sencillos juguetes que formaban poco antes el encanto de su ignorante existencia.

Éste es acaso nuestro estado, y éste, a nuestro entender, el origen de la fatuidad que en nuestra juventud se observa: el medio saber reina entre nosotros; no conocemos el bien, pero sabemos que existe y que podemos llegar a poseerlo, si bien sin imaginar aún el cómo. Afectamos, pues, hacer ascos de lo que tenemos para dar a entender a los que nos oyeron que conocemos cosas mejores, y nos queremos engañar miserablemente unos a otros, estando todos en el mismo caso.

Este medio saber nos impide gozar de lo bueno que realmente tenemos, y aun nuestra ansia de obtenerlo todo de una vez nos ciega sobre los mismos progresos que vamos insensiblemente haciendo. Estamos en el caso del que, teniendo apetito, desprecia un sabroso almuerzo con la esperanza de un suntuoso convite incierto, que se verificará, o no se verificará, más tarde. Sustituyamos sabiamente a la esperanza de mañana el recuerdo de ayer, y veamos si tenemos razón en decir a propósito de todo: '¡Cosas de este país!'

Sólo con el auxilio de las anteriores reflexiones pude comprender el carácter de don Periquito, ese petulante joven, cuya instrucción está reducida al poco latín que le quisieron enseñar y que él no quiso aprender; cuyos viajes no han pasado de Carabanchel;[114] que no lee sino en los ojos de sus queridas, los cuales no son ciertamente los libros más filosóficos; que no conoce, en fin, más ilustración que la suya, más hombres que sus amigos, cortados por la misma tijera que él, ni más mundo que el salón del Prado, ni más país que el suyo. Este fiel representante de gran parte de nuestra juventud desdeñosa de su país fue no ha mucho tiempo objeto de una de mis visitas.

Encontréle en una habitación mal amueblada y peor dispuesta, como de hombre solo; reinaba en sus muebles y sus ropas, tiradas aquí y allí, un espantoso desorden de que hubo de avergonzarse al verme entrar.

–Este cuarto está hecho una leonera –me dijo–. ¿Qué quiere usted? En este país ... –y quedó muy satisfecho de la excusa que a su natural descuido había encontrado.

Empeñóse en que había de almorzar con él, y no pude resistir a sus instancias: un mal almuerzo mal servido reclamaba indis-

114 A village near Madrid, annexed to the city in the twentieth century.

pensablemente algún nuevo achaque, y no tardó mucho en decirme:

–Amigo, en este país no se puede dar un almuerzo a nadie; hay que recurrir a los platos comunes y al chocolate.

'Vive Dios –dije yo para mí–, que cuando en este país se tiene un buen cocinero y un exquisito servicio y los criados necesarios, se puede almorzar un excelente *beefsteak* con todos los adherentes de un almuerzo *à la fourchette*;[115] y que en París los que pagan ocho o diez reales por un *appartement garni*,[116] o una mezquina habitación en una casa de huéspedes, como mi amigo don Periquito, no se desayunan con pavos trufados ni con *champagne*.'

Mi amigo Periquito es hombre pesado como los hay en todos los países, y me instó a que pasase el día con él; y yo, que había empezado ya a estudiar sobre aquella máquina como un anatómico sobre un cadáver, acepté inmediatamente.

Don Periquito es pretendiente, a pesar de su notoria inutilidad. Llevóme, pues, de ministerio en ministerio: de dos empleos con los cuales contaba, habíase llevado el uno otro candidato que había tenido más empeños que él.

–¡Cosas de España! –me salió diciendo, al referirme su desgracia.

–Ciertamente –le respondí, sonriéndome de su injusticia–, porque en Francia y en Inglaterra no hay intrigas; puede usted estar seguro de que allá todos son unos santos varones, y los hombres no son hombres.

El segundo empleo que pretendía había sido dado a un hombre de más luces que él.

–¡Cosas de España! –me repitió.

'Sí, porque en otras partes colocan a los necios', dije yo para mí.

Llevóme en seguida a una librería, después de haberme confesado que había publicado un folleto, llevado del mal ejemplo. Preguntó cuántos ejemplares se habían vendido de su peregrino folleto, y el librero respondió:

–Ni uno.

115 *Déjeuner à la fourchette*: to eat a substantial lunch with a fork, etc., rather than a light snack.
116 A rented apartment with basic furniture and fittings included.

¿Lo ve usted, Fígaro? —me dijo—: ¿Lo ve usted? En este país no se puede escribir. En España nada se vende; vegetamos en la ignorancia. En París hubiera vendido diez ediciones.

—Ciertamente —le contesté yo—, porque los hombres como usted venden en París sus ediciones.

En París no habrá libros malos que no se lean, ni autores necios que se mueran de hambre.

—Desengáñese usted: en este país no se lee —prosiguió diciendo.

'Y usted que de eso se queja, señor don Periquito, usted, ¿qué lee? —le hubiera podido preguntar—. Todos nos quejamos de que no se lee, y ninguno leemos.'

—¿Lee usted los periódicos? —le pregunté, sin embargo.

—No, señor; en este país no se sabe escribir periódicos. ¡Lea usted ese *Diario de los Debates*, ese *Times*![117]

Es de advertir que don Periquito no sabe francés ni inglés, y que en cuanto a periódicos, buenos o malos, en fin, los hay, y muchos años no los ha habido.

Pasábamos al lado de una obra de esas que hermosean continuamente este país, y clamaba:

—¡Qué basura! En este país no hay policía.

En París las casas que se destruyen y reedifican no producen polvo.

Metió el pie torpemente en un charco.

—¡No hay limpieza en España! —exclamaba.

En el extranjero no hay lodo.

Se hablaba de un robo:

—¡Ah! ¡País de ladrones! —vociferaba indignado.

Porque en Londres no se roba; en Londres, donde en la calle acometen los malhechores a la mitad de un día de niebla a los transeúntes.

Nos pedía limosna un pobre:

—¡En este país no hay más que miseria! —exclamaba horripilado.

Porque en el extranjero no hay infeliz que no arrastre coche.

Íbamos al teatro, y:

---

117 The *Journal des débats* was a French newspaper published between 1789 and 1944. The British newspaper *The Times* has been published since 1785.

–¡Oh qué horror!– decía mi don Periquito con compasión, sin haberlos visto mejores en su vida– ¡Aquí no hay teatros!

Pasábamos por un café.

–No entremos. ¡Qué cafés los de este país! –gritaba.

Se hablaba de viajes:

–¡Oh! Dios me libre; ¡en España no se puede viajar! ¡Qué posadas! ¡Qué caminos!

¡Oh infernal comezón de vilipendiar este país que adelanta y progresa de algunos años a esta parte más rápidamente que adelantaron esos países modelos, para llegar al punto de ventaja en que se han puesto!

¿Por qué los don Periquitos que todo lo desprecian en el año 33, no vuelven los ojos a mirar atrás, o no preguntan a sus papás acerca del tiempo, que no está tan distante de nosotros, en que no se conocía en la Corte más botillería que la de Canosa,[118] ni más bebida que la leche helada; en que no había más caminos en España que el del cielo; en que no existían más posadas que las descritas por Moratín en *El sí de las niñas*, con las sillas desvencijadas y las estampas del Hijo Pródigo, o las malhadadas ventas para caminantes asendereados; en que no corrían más carruajes que las galeras y carromatos catalanes; en que los 'chorizos' y 'polacos'[119] repartían a naranjazos los premios al talento dramático, y llevaba el público al teatro la bota y la merienda para pasar a tragos la representación de las comedias de figurón y dramas de Comella;[120] en que no se conocía más ópera que el *Marlborough* (o 'Mambruc', como dice el vulgo)[121] cantado a la guitarra; en que no se leía más periódico que el *Diario de Avisos*, y en fin ... en que ...

118 A *botillería* (a shop where cold drinks where made and served) in Madrid, which was a popular hangout for the nobility in the eighteenth century.

119 *Chorizos* and *polacos* were names given to the audiences of the two main theatres in eighteenth-century Madrid: the *Teatro del Príncipe* and *Teatro de la Cruz*, which were in constant struggle with each other.

120 See note 16.

121 'Marlbrough s'en va-t-en guerre', a popular folk song originating in France which became very popular at the end of the eighteenth century among the French nobility, thus spreading to the rest of Europe and the Americas. It is still a popular children's song today, known as 'Mambrú se fue a la guerra'.

Pero acabemos este artículo, demasiado largo para nuestro propósito: no vuelvan a mirar atrás porque habrían de poner un término a su maledicencia y llamar prodigiosa la casi repentina mudanza que en este país se ha verificado en tan breve espacio.

Concluyamos, sin embargo, de explicar nuestra idea claramente, mal que a los don Periquitos que nos rodean pese y avergüence.

Cuando oímos a un extranjero que tiene la fortuna de pertenecer a un país donde las ventajas de la ilustración se han hecho conocer con mucha anterioridad que en el nuestro, por causas que no es de nuestra inspección examinar, nada extrañamos en su boca, si no es la falta de consideración y aun de gratitud que reclama la hospitalidad de todo hombre honrado que la recibe; pero cuando oímos la expresión despreciativa que hoy merece nuestra sátira en bocas de españoles, y de españoles, sobre todo, que no conocen más país que este mismo suyo, que tan injustamente dilaceran, apenas reconoce nuestra indignación límites en que contenerse.

Borremos, pues, de nuestro lenguaje la humillante expresión que no nombra a este país sino para denigrarle; volvamos los ojos atrás, comparemos y nos creeremos felices. Si alguna vez miramos adelante y nos comparamos con el extranjero, sea para prepararnos un porvenir mejor que el presente, y para rivalizar en nuestros adelantos con los de nuestros vecinos: sólo en este sentido opondremos nosotros en algunos de nuestros artículos el bien de fuera al mal de dentro.

Olvidemos, lo repetimos, esa funesta expresión que contribuye a aumentar la injusta desconfianza que de nuestras propias fuerzas tenemos. Hagamos más favor o justicia a nuestro país, y creámosle capaz de esfuerzos y felicidades. Cumpla cada español con sus deberes de buen patricio, y en vez de alimentar nuestra inacción con la expresión de desaliento: '¡Cosas de España!', contribuya cada cual a las mejoras posibles. Entonces este país dejará de ser tan mal tratado de los extranjeros, a cuyo desprecio nada podemos oponer, si de él les damos nosotros mismos el vergonzoso ejemplo.

Revista Española, n.º 51, 30 de abril de 1833.
Firmado: Fígaro.

La fonda nueva

Preciso es confesar que no es nuestra patria el país donde viven los hombres para comer: gracias, por el contrario, si se come para vivir. Verdad es que no es éste el único punto en que manifestamos lo mal que nos queremos: no hay género de diversión que no nos falte; no hay especie de comodidad de que no carezcamos. '¿Qué país es éste?', me decía no hace un mes un extranjero que vino a estudiar nuestras costumbres. Es de advertir, en obsequio de la verdad, que era francés el extranjero, y que el francés es el hombre del mundo que menos concibe el monótono y sepulcral silencio de nuestra existencia española.

–Grandes carreras de caballos habrá aquí –me decía desde el amanecer–: no faltaremos.

–Perdone usted –le respondía yo–; aquí no hay carreras.

–¿No gustan de correr los jóvenes de las primeras casas? ¿No corren aquí siquiera los caballos? ...

–Ni siquiera los caballos.

–Iremos a caza.

–Aquí no se caza: no hay dónde, ni qué.

–Iremos al paseo de coches.

–No hay coches.

–Bien, a una casa de campo a pasar el día.

–No hay casas de campo; no se pasa el día.

–Pero habrá juegos de mil suertes diferentes, como en toda Europa ... Habrá jardines públicos donde se baile; más en pequeño, pero habrá sus *Tívolis*, sus *Ranelagh*, sus *Campos Elíseos*[122] ... habrá algún juego para el público.

122 Famous European public gardens: the Tivoli (Copenhagen), Ranelagh Gardens (London) and the Champs-Élysées (Paris).

–No hay nada para el público: el público no juega.

Es de ver la cara de los extranjeros cuando se les dice francamente que el público español, o no siente la necesidad interior de divertirse, o se divierte como los sabios (que en eso todos lo parecen), con sus propios pensamientos. Creía mi extranjero que yo quería abusar de su credulidad, y con rostro entre desconfiado y resignado:

–Paciencia –me decía por fin–: nos contentaremos con ir a los bailes que den las casas de buen tono y a las suarés.

–Paso, señor mío –le interrumpí yo–: ¿conque es bueno que le dije que no había gallinas y se me viene pidiendo ...?[123] En Madrid no hay bailes, no hay suarés. Cada uno habla o reza, o hace lo que quiere en su casa con cuatro amigos muy de confianza, y basta.

Nada más cierto, sin embargo, que este tristísimo cuadro de nuestras costumbres. Un día solo en la semana, y eso no todo el año, se divierten mis compatriotas: el lunes, y no necesito decir en qué.[124] Los demás días examinemos cuál es el público recreo. Para el pueblo bajo, el día más alegre del año redúcese su diversión a calzarse las castañuelas (digo calzarse porque en ciertas gentes las manos parecen pies), y agitarse violentamente en medio de la calle, en corro, al desapacible son de la agria voz y del desigual pandero. Para los elegantes todas las corridas de caballos, las partidas de caza, las casas de campo, todo se encierra en dos o tres tiendas de la calle de la Montera. Allí se pasa alegremente la mañana en contar las horas que faltan para irse a comer, si no hay sobre todo gordas noticias de Lisboa,[125] o si no dan en pasar muchos lindos talles de quien murmurar, y cuya opinión se pueda comprometer, en cuyos casos varía mucho la cuestión y nunca falta qué hacer. –¿Qué se hace

---

123 Another reference to Cervantes's *Don Quijote*. The two protagonists find lodgings at an inn where the landlord assures Sancho that the kitchen is fully supplied with everything that they might desire, whereas in fact the only food available is a plate of cow's feet. The landlord finds excuses to be out of every single item of food ordered, and when Sancho finally asks for just some some eggs and bacon, he is met with the response, 'Pues hele dicho que ni tengo pollas ni gallinas, y ¿quiere que tenga huevos?' (II, 55).

124 Monday was traditionally the day when bullfights were held.

125 A reference to the Portuguese Civil War (1828–34), or Miguelite Wars, between Constitutionalists and Absolutists.

por la tarde en Madrid? –Dormir la siesta. –¿Y el que no duerme, qué hace? –Estar despierto; nada más. Por la noche, es la verdad, hay un poco de teatro, y tiene un elegante el desahogo inocente de venir a silbar un rato la mala voz del bufo caricato,[126] o a aplaudir la linda cara de la *altra prima donna*; pero ni se proporciona tampoco todos los días, ni se divierte en esto sino un muy reducido número de personas, las cuales, entre paréntesis, son siempre las mismas, y forman un pueblo chico de costumbres extranjeras, embutido dentro de otro grande de costumbres patrias, como un cucurucho menor metido en un cucurucho mayor.

En cuanto a la pobre clase media, cuyos límites van perdiéndose y desvaneciéndose cada vez más, por arriba en la alta sociedad, en que hay de ella no pocos intrusos, y por abajo en la capa inferior del pueblo, que va conquistando sus usos, esa sólo de una manera se divierte. ¿Llegó un día de días? ¿Hubo boda? ¿Nació un niño? ¿Diéronle un empleo al amo de la casa, que en España ese es el grande alegrón que hay que recibir? Sólo de un modo se solemniza. Gran coche de alquiler, decentemente regateado; pero más gran familia: seis personas coge el coche a lo más. Pues entra papá, entra mamá, las dos hijas, dos amigos íntimos convidados, una prima que se apareció allí casualmente, el cuñado, la doncella, un niño de dos años y el abuelo; la abuela no entra porque murió el mes anterior. Ciérrase la portezuela entonces con la misma dificultad que la tapa de un cofre apretado para un largo viaje, y *a la fonda*. La esperanza de la gran comida, a que se va aproximando el coche mal que bien, aquello de andar en alto, el rubor de las jóvenes que van sentadas sobre los convidados, y la ausencia sobre todo del diurno puchero, alborotan a nuestra gente en tal disposición, que desde media legua se conoce el coche que lleva a la fonda a una familia de enhorabuena.

Tres años seguidos he tenido la desgracia de comer de fonda en Madrid, y en el día sólo el deseo de observar las variaciones que en nuestras costumbres se verifican con más rapidez de lo que algunos piensan, o el deseo de pasar un rato con amigos, pueden obligarme

126 The *buffo caricato* is a comic figure in operas.

a semejante despropósito. No hace mucho, sin embargo, que un conocido mío me quiso arrastrar fuera de mi casa a la hora de comer.

–Vamos a comer a la fonda.

–Gracias; mejor quiero no comer.

–Comeremos bien; iremos a Genieys:[127] es la mejor fonda.

–Linda fonda: es preciso comer de seis o siete duros para no comer mal. ¿Qué aliciente hay allí para ese precio? Las salas son bien feas; el adorno ninguno: ni una alfombra, ni un mueble elegante, ni un criado decente, ni un servicio de lujo, ni un espejo, ni una chimenea, ni una estufa en invierno, ni agua de nieve en verano, ni ... ni Burdeos, ni Champagne ... Porque no es Burdeos el Valdepeñas, por más raíz de lirio[128] que se le eche.

–Iremos a *Los Dos Amigos*.

–Tendremos que salirnos a la calle a comer, o a la escalera, o llevar una cerilla en el bolsillo para vernos las caras en la sala larga.

–A cualquiera otra parte. Crea usted que hoy nos van a dar bien de comer.

–¿Quiere usted que le diga yo lo que nos darán en cualquier fonda adonde vayamos? Mire usted: nos darán en primer lugar mantel y servilletas puercas, vasos puercos, platos puercos y mozos puercos: sacarán las cucharas del bolsillo, donde están con las puntas de los cigarros; nos darán luego una sopa que llaman de yerbas, y que no podría acertar a tener nombre más alusivo; estofado de vaca a la italiana, que es cosa nueva; ternera mechada, que es cosa de todos los días; vino de la fuente; aceitunas magulladas; frito de sesos y manos de carnero, hechos aquéllos y éstos a fuerza de pan; una polla que se dejaron otros ayer, y unos postres que nos dejaremos nosotros para mañana.

–Y también nos llevarán poco dinero, que aquí se come barato.

–Pero mucha paciencia, amigo mío, que aquí se aguanta mucho.

No hubo, sin embargo, remedio: mi amigo no daba cuartel, y estaba visto que tenía capricho de comer mal un día. Fue preciso, pues, acompañarle, e íbamos a entrar en *Los Dos Amigos*, cuando

127 See note 66.
128 Lily root was often added to wine, in this case to the cheap Valdepeñas.

llamó nuestra atención un gran letrero nuevo que en la misma calle de Alcalá y sobre las ruinas del antiguo figón de Perona, dice: 'Fonda del Comercio'.[129]

–¿Fonda nueva? Vamos a ver.

En cuanto al local, no les da el naipe[130] a los fondistas para escoger local; en cuanto al adorno, nos cogen acostumbrados a no pagarnos de apariencias; nosotros decimos: ¡como haya que comer, aunque sea en el suelo! Por consiguiente, nada nuevo en este punto en la fonda nueva.

Chocónos, sin embargo, la diferencia de las caras de ahora, y que hace medio año se veían en aquella casa. Vimos elegantes, y diónos esto excelente idea. Realmente hubimos de confesar que la fonda nueva es la mejor; pero es preciso acordarnos que la Fontana[131] era también la mejor cuando se instaló: ésta será, pues, otra Fontana dentro de un par de meses. La variedad que hoy en platos se encuentra cederá a la fuerza de las circunstancias; lo que nunca podrá perder será el servicio: la fonda nueva no reducirá nunca el número de sus mozos, porque es difícil reducir lo poco: se ha adoptado en ella el principio admitido en todas; un mozo para cada sala, y una sala para cada veinte mesas.

Por lo demás no deja de ofrecer un cuadro divertido para el observador oscuro el aspecto de una fonda. Si a su entrada hay ya una familia en los postres, ¿qué efecto le hace al que entra frío y sereno el ruido y la algazara de aquella gente toda alborotada porque ha comido? ¡Qué miserable es el hombre! ¿De qué se ríen tanto? ¿Han dicho alguna gracia? No, señor; se ríen de que han comido, y la parte física del hombre triunfa de la moral, de la sublime, que no debiera estar tan alegre sólo por haber comido.

Allí está la familia que trajo el coche ... ¡Apartemos la vista y tapemos los oídos por no ver, por no oír!

Aquel joven que entra venía a comer de medio duro; pero se encontró con veinte conocidos en una mesa inmediata: dejóse

129 This inn, which no longer exists, used to be located in the Calle de Alcalá.
130 'They were out of luck'.
131 La Fontana de Oro was a café that had existed in Madrid since the eighteenth century.

coger también por la negra honrilla, y sólo por los testigos pide de a duro. Si como son sólo conocidos fuera una mujer a quien quisiera conquistar la que en otra mesa comiera, hubiera pedido de a doblón: a pocos amigos que encuentre, el infeliz se arruina. ¡Necio rubor de no ser rico! ¡Mal entendida vergüenza de no ser calavera!

¿Y aquel otro? Aquél recorre todos los días a una misma hora varias fondas: aparenta buscar a alguien; en efecto, algo busca; ya lo encontró: allí hay conocidos suyos; a ellos derecho; primera frase suya:

–¡Hombre! ¿Ustedes por aquí?

–Coma usted con nosotros –le responden todos.

Excúsase al principio; pero si había de comer solo ... Un amigo a quien esperaba no viene ...

–Vaya, comeré con ustedes –dice por fin, y se sienta.

¡Cuán ajenos estaban sus convidadores de creer que habían de comer con él! Él, sin embargo, sabía desde la víspera que había de comer con ellos: les oyó convenir en la hora, y es hombre que come los más días de oídas, y algunos por haber oído.

¿Qué pareja es la que sin mirar a un lado ni a otro pide un cuarto al mozo, y ...? Pero es preciso marcharnos: mi amigo y yo hemos concluido de comer; cierta curiosidad nos lleva a pasar por delante de la puerta entornada donde ha entrado a comer sin testigos aquel oscuro matrimonio..., sin duda... Una pequeña parada que hacemos alarma a los que no quieren ser oídos, y un portazo dado con todo el mal humor propio de un misántropo nos advierte nuestra indiscreción y nuestra impertinencia. 'Paciencia –salgo diciendo–: todo no se puede observar en este mundo; algo ha de quedar oscuro en un cuadro: sea esto lo que quede en negro en este artículo de costumbres de la *Revista Española*.'

Revista Española, n.º 88, 23 de agosto de 1833.
Firmado: Fígaro.

Jardines públicos

He aquí una clase de establecimientos planteados varias veces en nuestro país a imitación de los extranjeros y que, sin embargo, rara vez han prosperado. Los filósofos, moralistas, observadores, pudieran muy bien deducir extrañas consecuencias acerca de un pueblo que parece huir de toda pública diversión. ¿Tan grave y ensimismado es el carácter de este pueblo, que se avergüence de abandonarse al regocijo cara a cara consigo mismo? Bien pudiera ser. ¿Nos sería lícito, a propósito de esto, hacer una observación singular, que acaso podrá no ser cierta, si bien no faltará quien la halle *ben trovata*?[132] Parece que en los climas ardientes de mediodía el hombre vive todo dentro de sí: su imaginación fogosa, emanación del astro que le abrasa, le circunscribe a un estrecho círculo de goces y placeres más profundos y más sentidos; sus pasiones más vehementes le hacen menos social; el italiano, sibarita, necesita aislarse con una careta en medio de la general alegría; al andaluz enamorado bástanle, no un libro y un amigo, como decía Rioja,[133] sino unos ojos hermosos en que reflejar los suyos, y una guitarra que tañer; el árabe impetuoso es feliz arrebatando por el desierto el ídolo de su alma a las ancas de su corcel; el voluptuoso asiático, para distraerse, se encierra en el harén. Los placeres grandes se ofenden de la publicidad, se deslíen; parece que ante ésta hay que repartir con los espectadores la sensación que se disfruta. Nótese la índole de los bailes nacionales. En el norte de Europa, y en los climas templados, se hallarán los bailes generales casi. Acerquémonos al mediodía; veremos amino-

---

132 From the Italian expression *si non è vero, è ben trovata*, meaning that even if something is not true, at least it is well conceived.
133 A reference to the Sevillian poet Francisco de Rioja (1583–1659).

rarse el número de los danzantes en cada baile. La mayor parte de los nuestros no han menester sino una o dos parejas: no bailan para los demás, bailan uno para otro. Bajo este punto de vista, el teatro es apenas una pública diversión, supuesto que cada espectador de por sí no está en comunicación con el resto del público, sino con el escenario. Cada uno puede individualmente figurarse que para él, y para él solo, se representa.

Otra causa puede contribuir, si ésa no fuese bastante, a la dificultad que encuentran en prosperar entre nosotros semejantes establecimientos. La manía del buen tono ha invadido todas las clases de la sociedad: apenas tenemos una clase media, numerosa y resignada con su verdadera posición; si hay en España clase media, industrial, fabril y comercial, no se busque en Madrid, sino en Barcelona, en Cádiz, etc.; aquí no hay más que clase alta y clase baja: aquélla, aristocrática hasta en sus diversiones, parece huir de toda ocasión de rozarse con cierta gente: una señora tiene su jardín público, su sociedad, su todo, en su cajón de madera, tirado de dos brutos normandos,[134] y no hay miedo que si se toma la molestia de hollar el suelo con sus delicados pies algunos minutos, vaya a confundirse en el Prado con la multitud que costea la fuente de Apolo: al pie de su carruaje tiene una calle suya, estrecha, peculiar, aristocrática. La clase media, compuesta de empleados o 'proletarios decentes', sacada de su quicio y lanzada en medio de la aristocrática por la confusión de clases, a la merced de un frac, nivelador universal de los hombres del siglo XIX, se cree en la clase alta, precisamente como aquel que se creyese en una habitación sólo porque metiese en ella la cabeza por una alta ventana a fuerza de elevarse en puntillas. Pero ésta, más afectada todavía, no hará cosa que deje de hacer la aristocracia que se propone por modelo. En la clase baja, nuestras costumbres, por mucho que hayan variado, están todavía muy distantes de los jardines públicos. Para ésta es todavía monadas exóticas y extranjeriles lo que es ya para aquélla común y demasiado poco extranjero. He aquí la razón por que hay público para la ópera y para los toros, y no para los jardines públicos.

134 Two Norman horses.

134

Por otra parte, demasiado poco despreocupados aún, en realidad, nos da cierta vergüenza inexplicable de comer, de reír, de vivir en público: parece que se descompone y pierde su prestigio el que baila en un jardín al aire libre, a la vista de todos. No nos persuadimos de que basta indagar y conocer las causas de esta verdad para desvanecer sus efectos. Solamente el tiempo, las instituciones, el olvido completo de nuestras costumbres antiguas, pueden variar nuestro oscuro carácter. ¡Qué tiene éste de particular en un país en que le ha formado tal una larga sucesión de siglos en que se creía que el hombre vivía para hacer penitencia! ¡Qué después de tantos años de gobierno inquisitorial! Después de tan larga esclavitud es difícil saber ser libre. Deseamos serlo, lo repetimos a cada momento; sin embargo, lo seremos de derecho mucho tiempo antes de que reine en nuestras costumbres, en nuestras ideas, en nuestro modo de ver y de vivir la verdadera libertad. Y las costumbres no se varían en un día, desgraciadamente, ni con un decreto, y más desgraciadamente aún, un pueblo no es verdaderamente libre mientras que la libertad no está arraigada en sus costumbres e identificada con ellas.

No era nuestro propósito ahondar tanto en materia tan delicada; volvamos, pues, al objeto de nuestro artículo. El establecimiento de los dos jardines públicos que acaban de abrirse en Madrid, indica de todos modos la tendencia enteramente nueva que comenzamos a tomar.

El jardín de las Delicias abierto hace más de un mes en el paseo de Recoletos, presenta por su situación topográfica un punto de recreo lleno de amenidad; es pequeño, pero bonito; un segundo jardín más elevado, con un estanque y dos grutas a propósito para comer y una huerta en el piso tercero, si nos es permitido decirlo así, forman un establecimiento muy digno del público de Madrid. Para nada consideramos más útil este jardín que para almorzar en las mañanas deliciosas de la estación en que estamos, respirando el suave ambiente embalsamado por las flores, y distrayendo la vista por la bonita perspectiva que presenta, sobre todo, desde la gruta más alta; y para pasear en él las noches de verano.

El jardín de Apolo, sito en el extremo de la calle Fuencarral, no goza de una posición tan ventajosa, pero una vez allí el curioso reconoce en él un verdadero establecimiento de recreo y diversión. Domina a todo Madrid, y su espaciosidad, el esmero con que se ven ordenados sus árboles nacientes, los muchos bosques encaramados, llenos por todas partes de mesas rústicas para beber y que parecen nichos de verduras o verdaderos gabinetes de Flora, sus estrechas calles y el misterio que promete el laberinto de su espesura hacen deplorar la larga distancia del centro de Madrid a que se halla colocado el jardín, que será verdaderamente delicioso en creciendo sus árboles y dando mayor espesura y frondosidad.

En nuestro entender, cada uno de estos jardines merece una concurrencia sostenida; las reflexiones con que hemos encabezado este artículo deben probar a sus respectivos empresarios, que si hay algún medio de hacer prosperar sus establecimientos en Madrid es recurrir a todos los alicientes imaginables, a todas las mejoras posibles. De esta manera nos lisonjeamos de que el público tomará afición a los jardines públicos, que tanta influencia pueden tener en la mayor civilización y sociabilidad del país, y cuya conservación y multiplicidad exige incontestablemente una capital culta como la nuestra.

Revista Española, n.º 246, 20 de junio de 1834.

¿Entre qué gentes estamos?

Henos aquí refugiándonos en las costumbres; no todo ha de ser siempre política; no todos facciosos. Por otra parte, no son las costumbres el último ni el menos importante objeto de las reformas. Sirva, pues, sólo este pequeño preámbulo para evitar un chasco al que forme grandes esperanzas sobre el título que llevan al frente estos renglones, y vamos al caso.

No hace muchos días que la llegada inesperada a Madrid de un extranjero, antiguo amigo mío de colegio, me puso en la precisión de cumplir con los deberes de la hospitalidad. Acaso sin esta circunstancia nunca hubiese yo solo realizado la observación sobre que gira este artículo. La costumbre de ver y oír diariamente los dichos y modales que son la moneda de nuestro trato social, es culpa de que no salte su extrañeza tan fácilmente a nuestros sentidos; mi amigo no pudo menos de abrirme el camino, que el hábito tenía cerrado a mi observación.

Necesitábamos hacer varias visitas. '¡Un carruaje! –dijimos–; pero un coche es pesado; un cabriolé será más ligero.' No bien lo habíamos dicho, ya estaba mi criado en casa de uno de los mejores alquiladores de esta Corte, en comodidades sobre todo, de esos que llevan dinero por los que llaman 'bombés decentes',[135] donde encontró efectivamente uno sobrante y desocupado, que, para calcular cómo sería el maldecido, no se necesitaba saber más. Dejó mi criado la señal que le pidieron y dos horas después ya estaba en la puerta de mi casa un birlocho pardo con varias capas de polvo de todos los días y calidades, el cual no le quitaban nunca porque no se viese el estado en que estaba, y aun yo tuve para mí que lo debían de sacar en los días de aire a tomar polvo para que le encubriese las

135 *Bombé* is a Gallicism for a type of light wagon.

macas que tendría. Que las ruedas habían rodado hasta entonces, no se podía dudar; que rodarían siempre y que no harían rodar por el suelo al que dentro fuese de aquel inseguro mueble, eso ya era otra cuestión; que el caballo había vivido hasta aquel punto, no era dudoso; que viviría dos minutos más, eso era precisamente lo que no se podía menos de dudar cada vez que tropezaba con su cuerpo, no perecedero, sino ya perecido, la curiosa visual del espectador. Cierto ruido desapacible de los muelles y del eje le hacía sonar a hierro como si dentro llevara medio Rastro.[136] Peor vestido que el birlocho estaba el criado que le servía, y entre la vida del caballo y la suya no se podía atravesar concienzudamente la apuesta de un solo real de vellón; por lo mal comidos, por lo estropeados, por la poca vida, en fin, del caballo y el lacayo, por la completa semejanza y armonía que en ambos entes irracionales se notaba, hubiera creído cualquiera que eran gemelos, y que no sólo habían nacido a un mismo tiempo, sino que a un mismo tiempo iban a morir. Si andaba el birlocho era un milagro; si estaba parado, un capricho de Goya.[137] Fue preciso conformarnos con este elegante mueble; subí, pues, a él y tomé las riendas, después de haberse sentado en él mi amigo el extranjero. Retiróse el lacayo cuando nos vio en tren de marchar,[138] y fue a subir a la trasera; sacudí mi fusta sobre el animal, con mucho tiento por no acabarle de derrengar; mas ¿cuál fue mi admiración, cuando siento bajar el asiento y veo alzarse las varas levantando casi del suelo al infeliz animal, que parecía un espíritu desprendiéndose de la tierra? ¿Y qué dirán ustedes que era? Que el birlocho venía sin barriguera; y lo mismo fue poner el lacayo la planta sobre la zaga, que, a manera de balanza, vino a tierra el mayor peso, y subió al cielo la ligera resistencia del que *tantum pellis et ossa fuit*.[139]

–Esto no es conmigo –exclamé; bajamos del birlocho y a pie nos fuimos a quejar, y reclamar nuestra señal a casa del alquilador.

136 The Rastro was, and still is, a popular open-air flea market in Madrid.
137 The *Caprichos* (1799) were an influential collection of satirical prints by Francisco de Goya.
138 *Tren* here means the items and provisions needed for travel, thus the expression is somewhat equivalent to 'when he saw that we were ready to depart'.
139 'It was merely hair and bones', a Latin expression used in Cervantes's *Don Quijote* to describe the protagonist's steed, Rocinante (I, 1).

Preguntamos y volvimos a preguntar, y nadie respondía, que aquí es costumbre muy recibida: pareció por fin un hombre, digámoslo así, y un hombre tan mal encarado como el birlocho; expuesle el caso y pedíle mi señal, en vista de que yo no alquilaba el birlocho para tirar de él, sino para que tirase él de mí.

–¿Qué tiene usted que pedirle a ese birlocho y a esa jaca sobre todo? –me dijo echándome a la cara una interjección expresiva y una bocanada de humo de un maldito cigarro de dos cuartos.

Después de semejante entrada nada quedaba que hablar.

–Véale usted despacio –le contesté sin embargo.

–Pues no hay otro –siguió diciendo; y volviéndome la espalda-: ¡A París por gangas! -añadió.

–Diga usted, señor grosero –le repuse, ya en el colmo de la cólera–, ¿no se contentan ustedes con servir de esa manera, sino que también se han de aguantar sus malos modos? ¿Usted se pone aquí para servir o para mandar al público? Pudiera usted tener más respeto y crianza para los que son más que él.

Aquí me echó el hombre una ojeada de arriba abajo, de esas que arrebañan a la persona mirada, de estas que van acompañadas de un gesto particular de los labios, de estas que no se ven sino entre los majos del país y con interjecciones más o menos limpias.

–Nadie es más que yo, don caballero o don lechuga; si no acomoda, dejarlo. ¡Mire usted con lo que se viene el seor levosa!¹⁴⁰ A ver, chico, saca un bombé nuevo; ¡ahí en el bolsillo de mi chaqueta debo tener uno!

Y al decir esto, salió una mujer y dos o tres mozos de cuadra; y llegaronse a oír cuatro o seis vecinos y catorce o quince curiosos transeúntes; y como el calesero hablaba en majo y respondía en desvergonzado, y fumaba y escupía por el colmillo, e insultaba a la gente decente, el auditorio daba la razón al calesero, y le aplaudía y soltaba la carcajada, y le animaba a seguir; en fin, sólo una retirada a tiempo pudo salvarnos de alguna cosa peor, por la cual se preparaba a hacernos pasar el concurso que allí se había reunido.

---

140 *Levosa* was a colloquial name given to the *levita* or *frac*, used here to mock the upper-middle-class status of the narrator.

–¿Entre qué gentes estamos? –me dijo el extranjero asombrado–. ¡Qué modos tan raros se usan en este país!

–¡Oh, es casual! –le respondí algo avergonzado de la inculpación, y seguimos nuestro camino. El día había empezado mal, y yo soy supersticioso con estos días que empiezan mal: verdad es que en punto a educación y buenos modales generalmente se puede asegurar que aquí todos los días empiezan mal y acaban peor.

Tenía mi amigo que arreglar sus papeles, y fue preciso acompañarle a una oficina de Policía.

¡Aquí verá usted –le dije– otra amabilidad y otra finura!

La puerta estaba abierta y naturalmente nos entrábamos; pero no habíamos andado cuatro pasos, cuando una especie de portero vino a nosotros gritándonos:

–¡Eh! ¡Hombre! ¿Adónde va usted? Fuera.

'Éste es pariente del calesero', dije yo para mí; salímonos fuera, y, sin embargo, esperamos el turno.

–Vamos, adentro; ¿qué hacen ustedes ahí parados? –dijo de allí a un rato, para darnos a entender que ya podíamos entrar; entramos, saludamos, nos miraron dos oficinistas de arriba abajo, no creyeron que debían contestar al saludo, se pidieron mutuamente papel y tabaco, echaron un cigarro de papel, nos volvieron la espalda, y a una indicación mía para que nos despachasen en atención a que el Estado no les pagaba para fumar, sino para despachar los negocios:

–Tenga usted paciencia –respondió uno–, que aquí no estamos para servir a usted.

–A ver –añadió dentro de un rato–, venga eso –y cogió el pasaporte y lo miró–: ¿Y usted quién es?

–El amigo del señor.

–¿Y el señor? Algún francés de estos que vienen a sacarnos los cuartos.

–Tenga usted la bondad de prescindir de insultos, y ver si está ese papel en regla.

–Ya le he dicho a usted que no sea usted insolente si no quiere usted ir a la cárcel.

Brincaba mi extranjero, y yo le veía dispuesto a hacer un disparate.

—Amigo —le dije—, aquí no hay más remedio que tener paciencia.

—¿Y qué nos han de hacer?

—Mucho y malo.

—Será injusto.

—¡Buena cuenta!

Logré por fin contenerle.

—Pues ahora no se le despacha a usted; vuelva usted mañana.

—¿Volver?

—Vuelva usted, y calle usted.

—Vaya usted con Dios.

Yo no me atrevía a mirar a la cara a mi amigo.

—¿Quién es ese señor tan altanero —me dijo al bajar la escalera— y tan fino y tan ...? ¿Es algún príncipe?

—Es un escribiente que se cree la justicia y el primer personaje de la nación: como está empleado, se cree dispensado de tener crianza ...

—¿Y aquí tiene todo el mundo esos mismos modales según voy viendo?

—¡Oh!, no; es casualidad.

—*C'est drôle*[141] —iba diciendo mi amigo, y yo diciendo:

—¿Entre qué gentes estamos?

Mi amigo quería hacerse un pantalón, y le llevé a casa de mi sastre. Ésta era más negra: mi sastre es hombre que me recibe con sombrero puesto, que me alarga la mano y me la aprieta; me suele dar dos palmaditas o tres, más bien más que menos, cada vez que me ve; me llama simplemente por mi apellido, a veces por mi nombre, como un antiguo amigo; otro tanto hace con todos sus parroquianos, y no me tutea, no sé por qué: eso tengo que agradecerle todavía. Mi francés nos miraba a los dos alternativamente, mi sastre se reía; yo mudaba de colores, pero estoy seguro que mi amigo salió creyendo que en España todos los caballeros son sastres o todos los sastres son caballeros. Por supuesto que el maestro no se descubrió, no se movió de su asiento, no hizo gran caso de nosotros, nos hizo esperar todo lo que pudo, se empeñó en regalarnos un cigarro y en

---

141 French for 'It's funny'.

dárnoslo encendido él mismo de su boca; cuantas groserías, en fin, suelen llamarse franquezas entre ciertas gentes.

Era por la mañana: la fatiga y el calor nos habían dado sed: entramos en un café y pedimos sorbetes.

–¡Sorbetes por la mañana! –dijo un mozo con voz brutal y gesto de burla–. ¡Que si quieres!

–¡Bravo! –dije yo para mí–. ¿No presumía yo que el día había empezado bien? Pues traiga usted dos vasos pequeños de limón ...

–¡Vaya, hombre, anímese usted! Tómelos usted grandes –nos dijo entonces el mozo con singular franqueza–. ¡Si tiene usted cara de sed!

–Y usted tiene cara de morir de un silletazo –repuse yo ya incomodado–; sirva usted con respeto, calle y no se chancee con las personas que no conoce, y que están muy lejos de ser sus iguales.

Entretanto que esto pasaba con nosotros, en un contiguo diez o doce señoritos de muy buenas familias jugaban al billar con el mozo de éste, que estaba en mangas de camisa, que tuteaba a uno, sobaba a otro, insultaba al de más allá y se hombreaba con todos: todos eran unos.

–¿Entre qué gente estamos? –repetía yo con admiración.

–C'est drôle! –repetía el francés.

¿Es posible que nadie sepa aquí ocupar su puesto? ¿Hay tal confusión de clases y personas? ¿Para qué cansarme en enumerar los demás casos que de este género en aquel bendito día nos sucedieron? Recapitule el lector cuántos de éstos le suceden al día y le están sucediendo siempre, y esos mismos nos sucedieron a nosotros. Hable usted con tres amigos en una mesa de un café: no tardará mucho en arrimarse alguno que nadie del corro conozca, y con toda franqueza meterá su baza en la conversación. Vaya usted a comer a una fonda, y cuente usted con el mozo que ha de servirle como pudiera usted contar con un comensal. Él le bordará a usted la comida con chanzas groseras; él le hará a usted preguntas fraternales y amistosas ..., él ... Vaya usted a una tienda a pedir algo.

–¿Tiene usted tal cosa?

–No, señor; aquí no hay.

–¿Y sabe usted dónde la encontraría?

–¡Toma! ¡Qué sé yo! Búsquela usted. Aquí no hay.

–¿Se puede ver al señor tal? –dice usted en una oficina. Y aquí es peor, pues ni siquiera contestan 'no'; ¿ha entrado usted?: como si hubiera entrado un perro. ¿Va usted a ver un establecimiento público? Vea usted qué caras, qué voz, qué expresiones, qué respuestas, qué grosería. Sea usted grande de España; lleve usted un cigarro encendido. No habrá aguador ni carbonero que no le pida la lumbre, y le detenga en la calle, y le manosee y empuerque su tabaco, y se lo vuelva apagado. ¿Tiene usted criados? Haga usted cuenta que mantiene unos cuantos amigos, ellos llaman por su apellido seco y desnudo a todos los que lo sean de usted, hablan cuando habla usted, y hablan ellos ... ¡Señor! ¡Señor! ¿Entre qué gentes estamos? ¿Qué orgullo es el que impide a las clases ínfimas de nuestra sociedad acabar de reconocer el puesto que en el trato han de ocupar? ¿Qué trueque es éste de ideas y de costumbre?

Mi francés había hecho todas estas observaciones, pero no había hecho la principal; faltabale observar que nuestro país es el país de las anomalías; así que, al concluirse el día: 'Amigo –me dijo–, yo he viajado mucho; ni en Europa, ni en América, ni en parte alguna del mundo he visto menos aristocracia en el trato de los hombres; éste es el país adonde yo me vendría a vivir; aquí todos los hombres son unos: se cree estar en la antigua Roma. En llegando a París voy a publicar un opúsculo en que pruebe que la España es el país más dispuesto a recibir ...'

–Alto ahí, señor observador de un día –dije a mi extranjero interrumpiéndole–; adivino la idea de usted. Las observaciones que usted ha hecho hoy son ciertas; la observación general empero que de ellas deduce usted es falsa: ésa es una anomalía como otras muchas que nos rodean, y que sólo se podrían explicar entrando en pormenores que no son del momento: éste es, desgraciadamente, el país menos dispuesto a lo que usted cree, por más que le parezcan a usted todos unos. No confunda usted la debilidad de la senectud con la de la niñez: ambas son debilidad; las causas son no obstante diferentes; esa franqueza, esa aparente confusión y nivelamiento extraordinario no es el de una sociedad que acaba, es el de una sociedad que empieza; porque yo llamo empezar ...

–¡Oh! Sí, sí, entiendo. *C'est drôle! C'est drôle!* –repetía mi francés.
–Ahí verá usted –repetía yo– entre qué gentes estamos.

El Observador, n.º 110, 1 de noviembre de 1834.

La vida de Madrid

Muchas cosas me admiran en este mundo: esto prueba que mi alma debe pertenecer a la clase vulgar, al justo medio de las almas; sólo a las muy superiores, o a las muy estúpidas, les es dado no admirarse de nada. Para aquéllas no hay cosa que valga algo; para éstas, no hay cosa que valga nada. Colocada la mía a igual distancia de las unas y de las otras, confieso que vivo todo de admiración, y estoy tanto más distante de ellas cuanto menos concibo que se pueda vivir sin admirar. Cuando en un día de esos en que un insomnio prolongado o un contratiempo de la víspera preparan al hombre a la meditación, me paro a considerar el destino del mundo; cuando me veo rodando dentro de él con mis semejantes por los espacios imaginarios, sin que sepa nadie para qué, ni adónde; cuando veo nacer a todos para morir, y morir sólo por haber nacido; cuando veo la verdad igualmente distante de todos los puntos del orbe donde se la anda buscando, y la felicidad siempre en casa del vecino a juicio de cada uno; cuando reflexiono que no se le ve el fin a este cuadro halagüeño, que según todas las probabilidades tampoco tuvo principio; cuando pregunto a todos y me responde cada cual quejándose de su suerte; cuando contemplo que la vida es un amasijo de contradicciones, de llanto, de enfermedades, de errores, de culpas y de arrepentimientos, me admiro de varias cosas. Primera, del gran poder del Ser Supremo, que, haciendo marchar el mundo de un modo dado, ha podido hacer que todos tengan deseos diferentes y encontrados, que no suceda más que una sola cosa a la vez, y que todos queden descontentos. Segunda, de su gran sabiduría en hacer corta la vida. Y tercera, en fin, y de ésta me asombro más que de las otras todavía, de ese apego que todos tienen, sin embargo, a esta vida tan mala. Esto último bastaría a confundir a un ateo, si un ateo, al serlo, no diese ya claras muestras de no tener su cerebro organizado para el convencimiento; porque sólo un Dios y un Dios Todopoderoso podía hacer amar una cosa como la vida.

Esto, considerada la vida en general, dondequiera que la tomemos por tipo; en las naciones civilizadas, en los países incultos, en todas partes, en fin. Porque en este punto, me inclino a creer que ·el hombre variará de necesidades, y se colocará en una escala más alta o más baja; pero en cuanto a su felicidad nada habrá adelantado. Toda la diferencia entre el hombre ilustrado y el salvaje estará en los términos de su conversación. Lord Wellington hablará de los *whigs*,[142] el indio nómada hablará de las panteras; pero iguales penas le acarreará a aquél el concluir con los primeros, que a éste el dar caza a las segundas. La civilización le hará variar al hombre de ocupaciones y de palabras; de suerte, es imposible. Nació víctima, y su verdugo le persigue enseñándole el dogal, así debajo del dorado artesón, como debajo de la rústica techumbre de ramas. Pero si se considera luego la vida de Madrid, es preciso cerrar el entendimiento a toda reflexión para desearla.

El joven que voy a tomar por tipo general, es un muchacho de regular entendimiento, pero que posee, sin embargo, más doblones que ideas, lo cual no parecerá inverosímil si se atiende al modo que tiene la sabia naturaleza de distribuir sus dones. En una palabra, es rico sin ser enteramente tonto. Paseábame días pasados con él, no precisamente porque nos estreche una gran amistad, sino porque no hay más que dos modos de pasear, o solo o acompañado. La conversación de los jóvenes más suele pecar de indiscreta que de reservada: así fue, que a pocas preguntas y respuestas nos hallamos a la altura de lo que se llama en el mundo franqueza, sinónimo casi siempre de imprudencia. Preguntóme qué especie de vida hacía yo, y si estaba contento con ella. Por mi parte pronto hube despachado: a lo primero le contesté: 'Soy periodista; paso la mayor parte del tiempo, como todo escritor público, en escribir lo que no pienso

---

142 The Whigs were one of the two main political parties in the British Parliament until the mid-nineteenth century.

y en hacer creer a los demás lo que no creo. ¡Como sólo se puede escribir alabando! Esto es, que mi vida está reducida a querer decir lo que otros no quieren oír!'. A lo segundo, de si estaba contento con esta vida, le contesté que estaba por lo menos tan resignado como lo está con irse a la gloria el que se muere.

–¿Y usted? –le dije–. ¿Cuál es su vida en Madrid?

–Yo –me repuso– soy muchacho de muy regular fortuna; por consiguiente, no escribo. Es decir ..., escribo ...; ayer escribí una esquela a Borrel[143] para que me enviase cuanto antes un pantalón de *patincour*[144] que me tiene hace meses por allá. Siempre escribe uno algo. Por lo demás, le contaré a usted.

'Yo no soy amigo de levantarme tarde; a veces hasta madrugo; días hay que a las diez ya estoy en pie. Tomo té, y alguna vez chocolate; es preciso vivir con el país. Si a esas horas ha parecido ya algún periódico, me lo entra mi criado, después de haberle hojeado él: tiendo la vista por encima; leo los partes, que se me figura siempre haberlos leído ya; todos me suenan a lo mismo; entra otro, lo cojo, y es la segunda edición del primero. Los periódicos son como los jóvenes de Madrid, no se diferencian sino en el nombre. Cansado estoy ya de que me digan todas las mañanas en artículos muy graves todo lo felices que seríamos si fuésemos libres, y lo que es preciso hacer para serlo. Tanto valdría decirle a un ciego que no hay cosa como ver.

'Como a aquellas horas no tengo ganas de volverme a dormir, dejo los periódicos; me rodeo al cuello un echarpe,[145] me introduzco en un surtú y a la calle. Doy una vuelta a la carrera de San Jerónimo, a la calle de Carretas, del Príncipe, y de la Montera, encuentro en un palmo de terreno a todos mis amigos que hacen otro tanto, me paro con todos ellos, compro cigarros en un café, saludo a alguna asomada, y me vuelvo a casa a vestir.

'¿Está malo el día? El capote de barragán: a casa de la marquesa hasta las dos; a casa de la condesa hasta las tres; a tal otra casa hasta las cuatro; en todas partes voy dejando la misma conversación; en

143 A popular tailor active in Madrid at the time.
144 The *pantalones patincourt* were a fashionable type of trousers.
145 A Gallicism for *chal*, or shawl.

donde entro oigo hablar mal de la casa de donde vengo, y de la otra adonde voy: ésta es toda la conversación de Madrid.

'¿Está el día regular? A la calle de la Montera. A ver a La Gallarde o a Tomás.[146] Dos horas, tres horas, según. Mina,[147] los facciosos, la que pasa, el sufrimiento y las esperanzas.

'¿Está muy bueno el día? A caballo. De la puerta de Atocha a la de Recoletos, de la de Recoletos a la de Atocha. Andado y desandado este camino muchas veces, una vuelta a pie. A comer a Genieys, o al Comercio,[148] alguna vez en mi casa, las más, fuera de ella.

'¿Acabé de comer? A Sólito.[149] Allí dos horas, dos cigarros, y dos amigos. Se hace una segunda edición de la conversación de la calle de la Montera. ¡Oh! Y felizmente esta semana no ha faltado materia. Un poco se ha ponderado, otro poco se ha ... Pero en fin, en un país donde no se hace nada, sea lícito al menos hablar.

'–¿Qué se da en el teatro? –dice uno.

'–Aquí: 1.º Sinfonía; 2.º Pieza del célebre Scribe;[150] 3.º Sinfonía; 4.º Pieza nueva del fecundo Scribe; 5.º Sinfonía; 6.º Baile nacional; 7.º La comedia nueva en dos actos, traducida también del ingenioso Scribe; 8.º Sinfonía; 9.º ...

'–Basta, basta; ¡santo Dios!

'–Pero, chico, ¿qué lees ahí? Si ése es el diario de ayer.

'–Hombre, parece el de todos los días.

'–Sí, aquí es *Guillermo*[151] hoy.

---

146 Many editions of the *Artículos* annotate this reference as allusive to two contemporary theatre actors, but the context suggests something else: a shop or *botillería* where customers would meet to gossip and discuss current events, as indicated immediately afterwards. According to the *Diario de avisos* (17 July 1834), a Simón or Simonet Lagallarde had a shop at the address given by Larra.

147 Francisco Espoz y Mina (1781–1836) was the general who commanded the government troops against the *facciosos* or Carlists.

148 Two *fondas* or inns: see note 97.

149 The *Café de Sólito*, which had been in business since the 1820s.

150 Eugène Scribe (1791–1861) was a prolific French playwright and librettist who developed a very successful variety of drama that became very popular. He was seen by the Romantics as the main example of a theatre that gained the favour of the public while being attacked by the critics for its lack of depth and criticism.

151 *Guillaume Tell* is an opera by Rossini, first staged in Paris in 1829 and in Madrid in December 1834.

'–¿*Guillermo?* ¡Oh, si fuera ayer! ¿Y allá?

'–Allá es el teatro de la Cruz. Cualquier cosa.

'–A mí me toca el turno aquí. ¿Sabe usted lo que es tocar el turno?

–Sí, sí –respondo a mi compañero de paseo–; a mí también me suele tocar el turno.

–Pues bien, subo al palco un rato. Acabado el teatro, si no es noche de sociedad, al café otra vez a disputar un poco de tiempo al dueño. Luego a ninguna parte. Si es noche de sociedad, a vestirme; gran tualeta.[152] A casa de E... Bonita sociedad; muy bonita. Ello sí, las mismas de la sociedad de la víspera, y del lunes, y de ... y las mismas de las visitas de la mañana, del Prado, y del teatro, y ... pero lo bueno, nunca se cansa uno de verlo.

–¿Y qué hace usted en la sociedad?

–Nada; entro en la sala; paso al gabinete; vuelvo a la sala; entro al ecarté;[153] vuelvo a entrar en la sala; vuelvo a salir al gabinete; vuelvo a entrar en el ecarté ...

–¿Y luego?

–Luego a casa, y ¡buenas noches!

Ésta es la vida que de sí me contó mi amigo. Después de leerla y de releerla, figurándome que no he ofendido a nadie, y que a nadie retrato en ella, e inclinándome casi a creer que por ésta no tendré ningún desafío, aunque necios conozco yo para todo, trasládola a la consideración de los que tienen apego a la vida.

El Observador, n.º 151, 12 de diciembre de 1834.
Firmado: Fígaro.

---

152 This is probably an adaptation of the French word *toilette*, meaning, in this context, 'outfit'.

153 See note 97.

La sociedad

Es cosa generalmente reconocida que el hombre es *animal social*, y yo, que no concibo que las cosas puedan ser sino del modo que son, yo, que no creo que pueda suceder sino lo que sucede, no trato por consiguiente de negarlo. Puesto que vive en sociedad, social es sin duda. No pienso adherirme a la opinión de los escritores malhumorados que han querido probar que el hombre habla por una aberración, que su verdadera posición es la de los cuatro pies, y que comete un grave error en buscar y fabricarse todo género de comodidades, cuando pudiera pasar pendiente de las bellotas de una encina el mes, por ejemplo, en que vivimos. Hanse apoyado para fundar semejante opinión en que la sociedad le roba parte de su libertad, si no toda; pero tanto valdría decir que el frío no es cosa natural, porque incomoda. Lo más que concederemos a los abogados de la vida salvaje es que la sociedad es de todas las necesidades de la vida la peor: eso sí. Ésta es una desgracia, pero en el mundo feliz que habitamos casi todas las desgracias son verdad; razón por la cual nos admiramos siempre que vemos tantas investigaciones para buscar ésta. A nuestro modo de ver no hay nada más fácil que encontrarla: allí donde está el mal, allí está la verdad. Lo malo es lo cierto. Sólo los bienes son ilusión.

Ahora bien: convencidos de que todo lo malo es natural y verdad, no nos costará gran trabajo probar que la sociedad es natural, y que el hombre nació por consiguiente social; no pudiendo impugnar la sociedad, no nos queda otro recurso que pintarla.

De necesidad parece creer que al verse el hombre solo en el mundo, blanco inocente de la intemperie y de toda especie de carencias trate de unir sus esfuerzos a los de su semejante para luchar contra sus enemigos, de los cuales el peor es la naturaleza entera; es decir, el que no puede evitar, el que por todas partes le rodea; que busque a su hermano (que así se llaman los hombres unos a otros, por burla sin duda) para pedirle su auxilio; de aquí podría deducirse que la sociedad es un cambio mutuo de servicios recíprocos. Grave error: es todo lo contrario; nadie concurre a la reunión para prestarle servicios, sino para recibirlos de ella; es un fondo común donde acuden todos a sacar, y donde nadie deja, sino cuando sólo puede tomar en virtud de permuta. La sociedad es, pues, un cambio mutuo de perjuicios recíprocos. Y el gran lazo que la sostiene es, por una incomprensible contradicción, aquello mismo que parecería destinado a disolverla; es decir, el egoísmo. Descubierto ya el estrecho vínculo que nos reúne unos a otros en sociedad, excusado es probar dos verdades eternas, y por cierto consoladoras, que de él se deducen: primera, que la sociedad, tal cual es, es imperecedera, puesto que siempre nos necesitaremos unos a otros; segunda, que es franca, sincera y movida por sentimientos generosos, y en esto no cabe duda, puesto que siempre nos hemos de querer a nosotros mismos más que a los otros.

Averiguar ahora si la cosa pudiera haberse arreglado de otro modo, si el gran poder de la creación estaba en que no nos necesitásemos, y si quien ponía por base de todo el egoísmo, podía haberle sustituido el desprendimiento, ni es cuestión para nosotros, ni de estos tiempos, ni de estos países.

Felizmente no se llega al conocimiento de estas tristes verdades sino a cierto tiempo; en un principio todos somos generosos aún, francos, amantes, amigos ... en una palabra, no somos hombres todavía; pero a cierta edad nos acabamos de formar, y entonces ya es otra cosa: entonces vemos por la primera vez, y amamos por la última. Entonces no hay nada menos divertido que una diversión; y si pasada cierta edad se ven hombres buenos todavía, esto está sin duda dispuesto así para que ni la ventaja cortísima nos quede de tener una regla fija a que atenernos, y con el fin de que puedan llevarse chasco hasta los más experimentados.

Pero como no basta estar convencidos de las cosas para convencer de ellas a los demás, inútilmente hacía yo las anteriores reflexiones a un primo mío que quería entrar en el mundo hace tiempo, joven, vivaracho, inexperto, y por consiguiente alegre. Criado en el colegio, y versado en los autores clásicos, traía al mundo llena la cabeza de las virtudes que en los poemas y comedias se encuentran. Buscaba un Pílades; toda amante le parecía una Safo, y estaba seguro de encontrar una Lucrecia el día que la necesitase.[154] Desengañarle era una crueldad. ¿Por qué no había de ser feliz mi primo unos días como lo hemos sido todos? Pero además hubiera sido imposible. Limitéme, pues, a tomar sobre mí el cuidado de introducirle en el mundo, dejando a los demás el de desengañarle de él.

Después de haber presidido al cúmulo de pequeñeces indispensables, al lado de las cuales nada es un corazón recto, una alma noble, ni aún una buena figura, es decir, después de haberse proporcionado unos cuantos fraques y cadenas, pantalones colán y mi-colán,[155] reloj, sortija y media docena de onzas siempre en el bolsillo, primeras virtudes en sociedad, introdujelo por fin en las casas de mejor tono. Un poco de presunción, un personal excelente, suficiente atolondramiento para no quedarse nunca sin conversación, un modo de bailar semejante al de una persona que anda sin gana, un bonito frac, seis apuestas de a onza en el écarté,[156] y todo el desprecio posible de las mujeres, hablando con los hombres, le granjearon el afecto y la amistad verdadera de todo el mundo. Es inútil decir que quedó contento de su introducción. 'Es encantadora, me dijo, la sociedad. ¡Qué alegría! ¡Qué generosidad! ¡Ya tengo amigos, ya tengo amante!' A los quince días conocía a todo Madrid; a los veinte no hacía caso ya de su antiguo consejero: alguna vez llegó a mis oídos que afeaba mi filosofía y mis descabelladas ideas, como las llamaba. 'Preciso es que sea muy malo mi primo, decía, para pensar tan mal de los demás'; a lo cual solía yo responder para mí: 'Preciso es que sean muy malos los

---

154 These are three characters taken from Classical literature and mythology who represent respective values: Pylades, who represents friendship due to his attachment to his cousin Orestes; Sappho, a love poet who is used here as an incarnation of the love ideal; and Lucretia, symbolic of the loyal wife.

155 *Colán* and *mi-colán* are both an adaptation of the French *collants* ('tights' or more generally, 'skin-tight legwear'), i.e. tight and semi-tight trousers.

156 See note 97.

demás, para haberme obligado a pensar tan mal de ellos'.

Cuatro años habían pasado desde la introducción de mi primo en la sociedad; habíale perdido ya de vista, porque yo hago con el mundo lo que se hace con las pieles en verano; voy de cuando en cuando, para que no entre el olvido en mis relaciones, como se sacan aquéllas tal cual vez al aire para que no se albergue en sus pelos la polilla. Había, sí, sabido mil aventuras suyas de estas que, por una contradicción inexplicable, honran mientras sólo las sabe todo el mundo en confianza, y que desacreditan cuando las llega a saber alguien de oficio; pero nada más. Ocurrióme en esto noches pasadas ir a matar a una casa la polilla de mi relación, y a pocos pasos encontréme con mi primo. Parecióme no tener todo el buen humor que en otros tiempos le había visto; no sé si me buscó él a mí, si le busqué yo a él; sólo sé que a pocos minutos paseábamos el salón de bracero y alimentando el siguiente diálogo:

—¿Tú en el mundo? —me dijo.

—Sí, de cuando en cuando vengo; cuando veo que se amortigua mi odio, cuando me siento inclinado a pensar bien, cuando empiezo a echarle menos, me presento una vez, y me curo para otra temporada. Pero ¿tú no bailas?

—Es ridículo: ¿quién va a bailar en un baile?

—Sí por cierto ... ¡Si fuera en otra parte! Pero observo desde que falto a esta casa multitud de caras nuevas ... que no conozco ...

—Es decir, que faltas a todas las casas de Madrid ..., porque las caras son las mismas; las casas son las diferentes; y por cierto que no vale la pena variar de casa para no variar de gente.

—Así es —respondí—, que falto a todas. Quisiera por lo tanto que me instruyeses ... ¿Quién es, por ejemplo, esa joven? ..., linda por cierto ... Baila muy bien ... parece muy amable ...

—Es la baroncita viuda de ***. Es una señora que, a fuerza de ser hermosa y amable, a fuerza de gusto en el vestir, ha llegado a ser aborrecida de todas las demás mujeres. Como su trato es harto fácil, y no abriga más malicia que la que cabe en veintidós años, todos los jóvenes que la ven se creen con derecho a ser correspondidos; y como al llegar a ella se estrellan desgraciadamente los más de sus cálculos en su virtud (porque aunque la ves tan loca al parecer, en el fondo es virtuosa), los unos han dado en llamar coquetería su amabilidad, los otros, por venganza, le dan otro nombre peor. Unos y otros hablan infamias de ella; debe por consiguiente a su mérito y a su virtud el haber perdido la reputación. ¿Qué quieres? ¡Esa es la sociedad!

–¿Y aquella de aquel aspecto grave, que se remilga tanto cuando un hombre se le acerca? Parece que teme que la vean los pies según se baja el vestido a cada momento.

–Ésa ha entendido mejor el mundo. Ésa responde con bufidos a todo galán. Una casualidad rarísima me ha hecho descubrir dos relaciones que ha tenido en menos de un año; nadie las sabe sino yo; es casada, pero como brilla poco su lujo, como no es hermosura de primer orden, como no se pone en evidencia, nadie habla mal de ella. Pasa por la mujer más virtuosa de Madrid. Entre las dos se pudiera hacer una maldad completa: la primera tiene las apariencias y ésta la realidad. ¿Qué quieres? ¡En la sociedad siempre triunfa la hipocresía! Mira, apartémonos; quiero evitar el encuentro de ese que se dirige hacia nosotros; me encuentra en la calle y nunca me saluda; pero en sociedad es otra cosa; como es tan desairado estar de pie, sin hablar con nadie, aquí me habla siempre. Soy su amigo para estos recursos, para los momentos de fastidio; también en el Prado se me suele agregar cuando no ha encontrado ningún amigo más íntimo. Ésa es la sociedad.

–Pero observo que huyendo de él nos hemos venido al *écarté*. ¿Quién es aquel que juega a la derecha?

–¿Quién ha de ser? Un amigo mío íntimo, cuando yo jugaba. Ya se ve, ¡perdía con tan buena fe! Desde que no juego no me hace caso. ¡Ay!, éste viene a hablarnos.

Efectivamente, llegósenos un joven con aire marcial y muy amistoso.

–¿Cómo le tratan a usted? ... –le preguntó mi primo.

–Pícaramente; diez onzas he perdido. ¿Y a usted?

–Peor todavía; adiós.

Ni siquiera nos contestó el perdidoso.

–Hombre, si no has jugado –le dije a mi primo–, ¿cómo dices ...?

–Amigo, ¿qué quieres? Conocí que me venía a preguntar si

154

tenía suelto. En su vida ha tenido diez onzas; la sociedad es para él una especulación: lo que no gana lo pide ...

—Pero ¿y qué inconveniente había en prestarle? Tú que eres tan generoso ...

—Sí, hace cuatro años; ahora no presto ya hasta que no me paguen lo que me deben; es decir, que ya no prestaré nunca. Ésa es la sociedad. Y sobre todo, ese que nos ha hablado ...

—¡Ah!, es cierto; recuerdo que era antes tu amigo íntimo: no os separabais.

—Es verdad, y yo le quería; me lo encontré a mi entrada en el mundo; teníamos nuestros amores en una misma casa, y yo tuve la torpeza de creer simpatía lo que era comunidad de intereses. Le hice todo el bien que pude, ¡inexperto de mí! Pero de allí a poco puso los ojos en mi bella, me perdió en su opinión y nos hizo reñir; él no logró nada, pero desbarató mi felicidad. Por mejor decir, me hizo feliz; me abrió los ojos.

—¿Es posible?

—Ésa es la sociedad: era mi amigo íntimo. Desde entonces no tengo más que amigos; íntimos, estos pesos duros que traigo en el bolsillo: son los únicos que no venden; al revés, compran.

—¿Y tampoco has tenido más amores?

—¡Oh!, eso sí; de eso he tardado más en desengañarme. Quise a una que me quería sin duda por vanidad, porque a poco de quererla me sucedió un fracaso que me puso en ridículo, y me dijo que no podía arrostrar el ridículo; luego quise frenéticamente a una casada; esa sí, creí que me quería sólo por mí; pero hubo hablillas, que promovió precisamente aquella fea que ves allí, que como no puede tener amores, se complace en desbaratar los ajenos; hubieron de llegar a oídos del marido, que empezó a darla mala vida; entonces mi apasionada me dijo que empezaba el peligro y que debía concluirse el amor; su tranquilidad era lo primero. Es decir, que amaba más a su comodidad que a mí. Ésa es la sociedad.

—¿Y no has pensado nunca en casarte?

—Muchas veces; pero a fuerza de conocer maridos, también me he desengañado.

—Observo que no llegas a hablar a las mujeres.

–¿Hablar a las mujeres en Madrid? Como en general no se sabe hablar de nada, sino de intrigas amorosas, como no se habla de artes, de ciencias, de cosas útiles, como ni de política se entiende, no se puede uno dirigir ni sonreír tres veces a una mujer; no se puede ir dos veces a su casa sin que digan: 'Fulano hace el amor a Mengana'. Esta expresión pasa a sospecha, y dicen con una frase por cierto bien poco delicada: '¿Si estará metido con Fulana?'. Al día siguiente esta sospecha es ya una realidad, un compromiso. Luego hay mujeres, que porque han tenido una desgracia o una flaqueza, que se ha hecho pública por este hermoso sistema de sociedad, están siempre acechando la ocasión de encontrar cómplices o imitadoras que las disculpen, las cuales ahogan la vergüenza en la murmuración. Si hablas a una bonita, la pierdes; si das conversación a una fea, quieres atrapar su dinero. Si gastas chanzas con la parienta de un ministro, quieres un empleo. En una palabra, en esta sociedad de ociosos y habladores nunca se concibe la idea de que puedas hacer nada inocente, ni con buen fin, ni aun sin fin.

Al llegar aquí no pude menos de recordar a mi primo sus expresiones de hacía cuatro años: 'Es encantadora la sociedad. ¡Qué alegría! ¡Qué generosidad! ¡Ya tengo amigos, ya tengo amante!'.

Un apretón de manos me convenció de que me había entendido.

–¿Qué quieres? –me añadió de allí a un rato–; nadie quiere creer sino en la experiencia; todos entramos buenos en el mundo, y todo andaría bien si nos buscáramos los de una edad; pero nuestro amor propio nos pierde; a los veinte años queremos encontrar amigos y amantes en las personas de treinta, es decir, en las que han llevado el chasco antes que nosotros, y en los que ya no creen; como es natural le llevamos entonces nosotros, y se le pegamos luego a los que vienen detrás. Ésa es la sociedad; una reunión de víctimas y de verdugos. ¡Dichoso aquel que no es verdugo y víctima a un tiempo! ¡Pícaros, necios, inocentes! ¡Más dichoso aún, si hay excepciones, el que puede ser excepción!

Revista Española, n.º 450, 16 de enero de 1835.
Firmado: Fígaro.

Un reo de muerte

Cuando una incomprensible comezón de escribir me puso por primera vez la pluma en la mano para hilvanar en forma de discurso mis ideas, el teatro se ofreció primer blanco a los tiros de esta que han calificado muchos de mordaz maledicencia. Yo no sé si la humanidad bien considerada tiene derecho a quejarse de ninguna especie de murmuración, ni si se puede decir de ella todo el mal que se merece; pero como hay millares de personas seudofilantrópicas, que al defender la humanidad parece que quieren en cierto modo indemnizarla de la desgracia de tenerlos por individuos, no insistiré en este pensamiento. Del llamado teatro, sin duda por antonomasia, dejéme suavemente deslizar al verdadero teatro; a esa muchedumbre en continuo movimiento, a esa sociedad donde sin ensayo ni previo anuncio de carteles, y donde a veces hasta de balde y en balde[157] se representan tantos y tan distintos papeles.

Descendí a ella, y puedo asegurar que al cotejar este teatro con el primero, no pudo menos de ocurrirme la idea de que era más consolador éste que aquél; porque al fin, seamos francos, triste cosa es contemplar en la escena la coqueta, el avaro, el ambicioso, la celosa, la virtud caída y vilipendiada, las intrigas incesantes, el crimen entronizado a veces y triunfante; pero al salir de una tragedia para entrar en la sociedad puede uno exclamar al menos: 'Aquello es falso; es pura invención; es un cuento forjado para divertirnos'; y en el mundo es todo lo contrario; la imaginación más acalorada no llegará nunca a abarcar la fea realidad. Un rey de la escena depone para irse a acostar el cetro y la corona, y en el mundo el que la tiene duerme con ella, y sueñan con ella infinitos que no la tienen. En las tablas se puede silbar al tirano; en el mundo hay que sufrirle; allí

---

157 *De balde*: for free; *en balde*: in vain.

se le va a ver como una cosa rara, como una fiera que se enseña por dinero; en la sociedad cada preocupación es un rey; cada hombre un tirano; y de su cadena no hay librarse; cada individuo se constituye en eslabón de ella; los hombres son la cadena unos de otros.

De estos dos teatros, sin embargo, peor el uno que el otro, vino a desalojarme una farsa que lo ocupó todo: la política. ¿Quién hubiera leído un ligero bosquejo de nuestras costumbres, torpe y débilmente trazado acaso, cuando se estaban dibujando en el gran telón de la política, escenas, si no mejores, de un interés ciertamente más próximo y positivo? Sonó el primer arcabuz de la facción,[158] y todos volvimos la cara a mirar de dónde partía el tiro; en esta nueva representación, semejante a la fantasmagórica de Mantilla,[159] donde empieza por verse una bruja, de la cual nace otra y otras, hasta 'multiplicarse al infinito', vimos un faccioso primero, y luego vimos 'un faccioso más', y en pos de él poblarse de facciosos el telón. Lanzado en mi nuevo terreno esgrimí la pluma contra las balas, y revolviéndome a una parte y otra, di la cara a dos enemigos: al faccioso de fuera, y al justo medio, a la parsimonia de dentro.[160] ¡Débiles esfuerzos! El monstruo de la política estuvo encinta y dio a luz lo que había mal engendrado; pero tras éste debían venir hermanos menores, y uno de ellos, nuevo Júpiter, debía destronar a su padre. Nació la censura, y heme aquí poco menos que desalojado de mi última posición. Confieso francamente que no estoy en armonía con el reglamento; respetole y le obedezco: he aquí cuanto se puede exigir de un ciudadano, a saber, que no altere el orden; es bueno tener entendido que en política se llama 'orden' a lo que existe, y que se llama 'desorden' este mismo 'orden' cuando le sucede otro 'orden' distinto; por consiguiente, es perturbador el que se presenta a luchar contra el orden existente con menos fuerzas que él; el que se presenta con más, pasa a 'restaurador', cuando no se le quiere honrar con el pomposo título de 'libertador'. Yo nunca alteraré el orden probablemente, porque nunca tendré la locura de creerme por mí solo más fuerte que él; en este

158 *Facción* and *facciosos* were the usual ways of referring to Carlist combatants.
159 A phantasmagoria show.
160 A reference to the moderate politics of Martínez de la Rosa.

convencimiento, infinidad de artículos tengo solamente rotulados, cuyo desempeño conservo para más adelante; porque la esperanza es precisamente lo único que nunca me abandona. Pero al paso que no los escribiré, porque estoy persuadido de que me los habían de prohibir (lo cual no es decir que me los han prohibido, sino todo lo contrario, puesto que yo no los escribo), tengo placer en hacer de paso esta advertencia, al refugiarme, de cuando en cuando, en el único terreno que deja libre a mis correrías el temor de ser rechazado en posiciones más avanzadas. Ahora bien, espero que después de esta previa inteligencia no habrá lector que me pida lo que no puedo darle; digo esto porque estoy convencido de que ese pretendido acierto de un escritor depende más veces de su asunto y de la predisposición feliz de sus lectores que de su propia habilidad. Abandonado a ésta sola, considérome débil, y escribo todavía con más miedo que poco mérito, y no es ponderarlo poco, sin que esto tenga visos de afectada modestia.

Habiendo de parapetarme en las costumbres, la primera idea que me ocurre es que el hábito de vivir en ellas, y la repetición diaria de las escenas de nuestra sociedad, nos impide muchas veces pararnos solamente a considerarlas, y casi siempre nos hace mirar como naturales cosas que en mi sentir no debieran parecérnoslo tanto. Las tres cuartas partes de los hombres viven de tal o cual manera porque de tal o cual manera nacieron y crecieron; no es una gran razón; pero ésta es la dificultad que hay para hacer reformas. He aquí por qué las leyes difícilmente pueden ser otra cosa que el índice reglamentario y obligatorio de las costumbres; he aquí por qué caducan multitud de leyes que no se derogan; he aquí la clave de lo mucho que cuesta hacer libre por las leyes a un pueblo esclavo por sus costumbres.

Pero nos apartamos demasiado de nuestro objeto; volvamos a él; este hábito de la pena de muerte, reglamentada y judicialmente llevada a cabo en los pueblos modernos con un abuso inexplicable, supuesto que la sociedad al aplicarla no hace más que suprimir de su mismo cuerpo uno de sus miembros, es causa de que se oiga con la mayor indiferencia el fatídico grito que desde el amanecer resuena por las calles del gran pueblo, y que uno de nuestros amigos acaba de poner atinadísimamente por estribillo a un trozo de poesía romántica:

> Para hacer bien por el alma
> Del que van a ajusticiar.[161]

Ese grito, precedido por la lúgubre campanilla, tan inmediata y constantemente como sigue la llama al humo, y el alma al cuerpo; este grito que implora la piedad religiosa en favor de una parte del ser que va a morir, se confunde en los aires con las voces de los que venden y revenden por las calles los géneros de alimento y de vida para los que han de vivir aquel día. No sabemos si algún reo de muerte habrá hecho esta singular observación, pero debe ser horrible a sus oídos el último grito que ha de oír de la *coliflorera* que pasa atronando las calles a su lado.

Leída y notificada al reo la sentencia, y la última venganza que toma de él la sociedad entera, en lucha por cierto desigual, el desgraciado es trasladado a la capilla, en donde la religión se apodera de él como de una presa ya segura; la justicia divina espera allí a recibirle de manos de la humana. Horas mortales transcurren allí para él; gran consuelo debe de ser el creer en un Dios, cuando es preciso prescindir de los hombres, o, por mejor decir, cuando ellos prescinden de uno. La vanidad, sin embargo, se abre paso al través del corazón en tan terrible momento, y es raro el reo que, pasada la primera impresión, en que una palidez mortal manifiesta que la sangre quiere huir y refugiarse al centro de la vida, no trata de afectar una serenidad pocas veces posible. Esta tiránica sociedad exige algo del hombre hasta en el momento en que se niega entera a él; injusticia por cierto incomprensible; pero reirá de la debilidad de su víctima. Parece que la sociedad, al exigir valor y serenidad en el reo de muerte, con sus constantes preocupaciones, se hace justicia a sí misma, y extraña que no se desprecie lo poco que ella vale y sus fallos insignificantes.

En tan críticos instantes, sin embargo, rara vez desmiente cada cual su vida entera y su educación; cada cual obedece a sus

---

161 From 'El reo de muerte', by the Spanish Romantic poet José de Espronceda (1808–42).

preocupaciones hasta en el momento de ir a desnudarse de ellas para siempre. El hombre abyecto, sin educación, sin principios, que ha sucumbido siempre ciegamente a su instinto, a su necesidad, que robó y mató maquinalmente, muere maquinalmente. Oyó un eco sordo de religión en sus primeros años y este eco sordo, que no comprende, resuena en la capilla, en sus oídos, y pasa maquinalmente a sus labios. Falto de lo que se llama en el mundo honor, no hace esfuerzo para disimular su temor, y muere muerto. El hombre verdaderamente religioso vuelve sinceramente su corazón a Dios, y éste es todo lo menos infeliz que puede el que lo es por última vez. El hombre educado a medias, que ensordeció a la voz del deber y de la religión, pero en quien estos gérmenes existen, vuelve de la continua afectación de despreocupado en que vivió, y duda entonces y tiembla. Los que el mundo llama impíos y ateos, los que se han formado una religión acomodaticia, o las han desechado todas para siempre, no deben ver nada al dejar el mundo. Por último, el entusiasmo político hace veces casi siempre de valor; y en esos reos, en quienes una opinión es la preocupación dominante, se han visto las muertes más serenas.

Llegada la hora fatal entonan todos los presos de la cárcel, compañeros de destino del sentenciado, y sus sucesores acaso, una salve[162] en un compás monótono, y que contrasta singularmente con las jácaras y coplas populares, inmorales e irreligiosas, que momentos antes componían, juntamente con las preces de la religión, el ruido de los patios y calabozos del espantoso edificio. El que hoy canta esa salve se la oirá cantar mañana.

Enseguida, la cofradía vulgarmente dicha de la Paz y Caridad recibe al reo,[163] que, vestido de una túnica y un bonete amarillos, es trasladado atado de pies y manos sobre un animal, que sin duda por ser el más útil y paciente, es el más despreciado, y la marcha fúnebre comienza.

Un pueblo entero obstruye ya las calles del tránsito. Las ventanas y balcones están coronados de espectadores sin fin, que se pisan, se

---

162 The *Salve Regina*, a Roman Catholic hymn to the Virgin Mary.
163 The *Cofradía de la Paz y la Caridad* was a religious congregation whose origins dated back to the Middle Ages and traditionally accompanied prisoners in their walk to the gallows.

apiñan, y se agrupan para devorar con la vista el último dolor del hombre.

–¿Qué espera esta multitud? –diría un extranjero que desconociese las costumbres–. ¿Es un rey el que va a pasar; ese ser coronado, que es todo un espectáculo para un pueblo? ¿Es un día solemne? ¿Es una pública festividad? ¿Qué hacen ociosos esos artesanos? ¿Qué curiosea esta nación?

Nada de eso. Ese pueblo de hombres va a ver morir a un hombre.

–¿Dónde va?

–¿Quién es?

–¡Pobrecillo!

–Merecido lo tiene.

–¡Ay!, si va muerto ya.

–¿Va sereno?

–¡Qué entero va!

He aquí las preguntas y expresiones que se oyen resonar en derredor. Numerosos piquetes de infantería y caballería esperan en torno del patíbulo. He notado que en semejante acto siempre hay alguna corrida; el terror que la situación del momento imprime en los ánimos causa la mitad del desorden; la otra mitad es obra de la tropa que va a poner orden. ¡Siempre bayonetas en todas partes! ¿Cuándo veremos una sociedad sin bayonetas? ¡No se puede vivir sin instrumentos de muerte! Esto no hace por cierto el elogio de la sociedad ni del hombre.

No sé por qué al llegar siempre a la plazuela de la Cebada mis ideas toman una tintura singular de melancolía, de indignación y de desprecio.[164] No quiero entrar en la cuestión tan debatida del derecho que puede tener la sociedad de mutilarse a sí propia; siempre resultaría ser el derecho de la fuerza, y mientras no haya otro mejor en el mundo, ¿qué loco se atrevería a rebatir ése? Pienso sólo en la sangre inocente que ha manchado la plazuela; en la que la manchará todavía. ¡Un ser que como el hombre no puede vivir sin matar, tiene la osadía, la incomprensible vanidad de presumirse perfecto!

164 The *Plaza de la Cebada* was the place assigned for executions in Madrid.

Un tablado se levanta en un lado de la plazuela: la tablazón desnuda manifiesta que el reo no es noble. ¿Qué quiere decir un reo noble? ¿Qué quiere decir garrote vil?[165] Quiere decir indudablemente que no hay idea positiva ni sublime que el hombre no impregne de ridiculeces.

Mientras estas reflexiones han vagado por mi imaginación, el reo ha llegado al patíbulo; en el día no son ya tres palos de que pende la vida del hombre; es un palo sólo; esta diferencia esencial de la horca al garrote me recordaba la fábula de los Carneros de Casti, a quienes su amo proponía, no si debían morir, sino si debían morir cocidos o asados.[166] Sonreíame todavía de este pequeño recuerdo, cuando las cabezas de todos, vueltas al lugar de la escena, me pusieron delante que había llegado el momento de la catástrofe; el que sólo había robado acaso a la sociedad, iba a ser muerto por ella; la sociedad también da ciento por uno: si había hecho mal matando a otro, la sociedad iba a hacer bien matándole a él. Un mal se iba a remediar con dos. El reo se sentó por fin. ¡Horrible asiento! Miré el reloj: las doce y diez minutos; el hombre vivía aún … De allí a un momento una lúgubre campanada de San Millán, semejante el estruendo de las puertas de la eternidad que se abrían, resonó por la plazuela; el hombre no existía ya; todavía no eran las doce y once minutos. 'La sociedad –exclamé– estará ya satisfecha: ya ha muerto un hombre.'

Revista Mensajero, n.º 30, 30 de marzo de 1835.
Firmado: Fígaro.

165 The garrotte was an execution device that operated by strangulation, and was the principal method of execution in Spain until the abolition of the death penalty in 1978. *Garrote vil* means that the victim is of lowly origins, whereas *garrote noble* was used for the upper classes. In medieval times the nobility would be killed by sword and villains by garrotte, whereas in the nineteenth century the differences between *vil* and *noble* were limited to the paraphernalia involved (the opulence of the scaffold, horse, etc.).
166 A reference to 'Le pecore', by Giambattista Casti (1774–1803) (Pérez Vidal, *Fígaro*, p. 336, n. 5).

La diligencia

Cuando nos quejamos de que 'esto no marcha', y de que la España no progresa, no hacemos más que enunciar una idea relativa; generalizada la proposición de esa suerte, es evidentemente falsa; reducida a sus límites verdaderos, hay un gran fondo de verdad en ella.

Así como no notamos el movimiento de la tierra, porque todos vamos envueltos en él, así no echamos de ver tampoco nuestros progresos. Sin embargo, ciñéndonos al objeto de este artículo, recordaremos a nuestros lectores que no hace tantos años carecíamos de multitud de ventajas, que han ido naciendo por sí solas y colocándose en su respectivo lugar; hijas de la época, secuelas indispensables del adelanto general del mundo. Entre ellas, es acaso la más importante la facilitación de las comunicaciones entre los pueblos apartados; los tiranos, generalmente cortos de vista, no han considerado en las diligencias más que un medio de transportar paquetes y personas de un pueblo a otro; seguros de alcanzar con su brazo de hierro a todas partes, se han sonreído imbécilmente al ver mudar de sitio a sus esclavos; no han considerado que las ideas se agarran como el polvo a los paquetes y viajan también en diligencia. Sin diligencias, sin navíos, la libertad estaría todavía probablemente encerrada en los Estados Unidos. La navegación la trajo a Europa; las diligencias han coronado la obra; la rapidez de las comunicaciones ha sido el vínculo que ha reunido a los hombres de todos los países; verdad es que ese lazo de los liberales lo es también de sus contrarios; pero ¿qué importa? La lucha es así general y simultánea; sólo así puede ser decisiva.

Hace pocos años, si le ocurría a usted hacer un viaje, empresa que se acometía entonces sólo por motivos muy poderosos, era forzoso recorrer todo Madrid, preguntando de posada en posada por medios de transporte. Éstos se dividían entonces en coches de colleras, en galeras, en carromatos, tal cual tartana y acémilas. En la celeridad no había diferencia ninguna; no se concebía cómo podía un hombre apartarse de un punto en un solo día más de seis o siete leguas; aun así era preciso contar con el tiempo y con la colocación de las ventas; esto, más que viajar, era irse asomando al país, como quien teme que se le acabe el mundo al dar un paso más de lo absolutamente indispensable. En los coches viajaban sólo los poderosos; las galeras eran el carruaje de la clase acomodada; viajaban en ellas los empleados que iban a tomar posesión de su destino, los corregidores que mudaban de vara;[167] los carromatos y las acémilas estaban reservadas a las mujeres de militares, a los estudiantes, a los predicadores cuyo convento no les proporcionaba mula propia. Las demás gentes no viajaban; y semejantes los hombres a los troncos, allí donde nacían, allí morían. Cada cual sabía que había otros pueblos que el suyo en el mundo, a fuerza de fe; pero viajar por instrucción y por curiosidad, ir a París sobre todo, eso ya suponía un hombre superior, extraordinario, osado, capaz de todo; la marcha era una hazaña, la vuelta una solemnidad; y el viajero, al divisar la venta del Espíritu Santo,[168] exclamaba estupefacto: '¡Qué grande es el mundo!'. Al llegar a París, después de dos meses de medir la tierra con los pies, hubiera podido exclamar con más razón: '¡Qué corto es el año!'.

A su vuelta, ¡qué de gentes le esperaban, y se apiñaban a su alrededor para cerciorarse de si había efectivamente París, de si se iba y se venía, de si era, en fin, aquel mismo el que había ido, y no su ánima que volvía sola! Se miraba con admiración el sombrero, los anteojos, el baúl, los guantes, la cosa más diminuta que venía de París. Se tocaba, se manoseaba, y todavía parecía imposible. ¡Ha ido a París! ¡¡Ha vuelto de París!! ¡¡¡Jesús!!!

Los tiempos han cambiado extraordinariamente; dos emigraciones numerosas han enseñado a todo el mundo el camino de París

---

167 The *vara*, or cane, of the *corregidor* was the symbol of his position as head of one of the *corregimientos* or districts of administration into which the kingdom was organized.
168 An inn that could be found shortly after leaving Madrid towards Aragón via the *Puerta de Alcalá*.

y Londres.[169] Como quien hace lo más hace lo menos, ya el viaje por el interior es una pura bagatela, y hemos dado en el extremo opuesto; en el día se mira con asombro el que no ha estado en París; es un punto menos que ridículo. ¿Quién será él, se dice, cuando no ha estado en ninguna parte? Y efectivamente, por poco liberal que uno sea, o está uno en la emigración, o de vuelta de ella, o disponiéndose para otra; el liberal es el símbolo del movimiento perpetuo, es el mar con su eterno flujo y reflujo. Yo no sé cómo se lo componen los absolutistas; pero para ellos no se han establecido las Diligencias; ellos esperan siempre a pie firme la vuelta de su Mesías; en una palabra, siempre son de casa; este partido no tiene más inconveniente que el del caracol; toda la diferencia está en tener la cabeza fuera o dentro de la concha. A propósito, ¿la tiene ahora dentro o fuera?

Volviendo empero a nuestras Diligencias, no entraré en la explicación minuciosa y poco importante para el público de las causas que me hicieron estar no hace muchos días en el patio de la casa de postas,[170] donde se efectúa la salida de las Diligencias llamadas 'reales', sin duda por lo que tienen de efectivas.[171] No sé qué tienen las diligencias de común con Su Majestad; una empresa particular las dirige, el público las llena y las sostiene. La misma duda tengo con respecto a los *billares*; pero como si hubiera yo de extender ahora en el papel todas mis dudas no haría gran Diligencia en el artículo de hoy, prescindiré de digresiones, y diré en último resultado, que ora fuese a despedir a un amigo, ora fuese a recibirle, ora, en fin, con cualquier otro objeto, yo me hallaba en el patio de las Diligencias.

No es fácil imaginar qué multitud de ideas sugiere el patio de las diligencias; yo por mi parte me he convencido que es uno de los teatros más vastos que puede presentar la sociedad moderna al escritor de costumbres.

Todo es allí materiales, pero hechos ya y elaborados; no hay sino ver y coger. A la entrada le llama a usted ya la atención un pequeño

169 The Absolutist restorations of 1814 and 1823 provoked two respective waves of emigration, mainly to France and Britain.
170 *Casa de postas*: a staging post for wagons.
171 The *Compañía de Reales Diligencias*, established in 1827.

aviso que advierte, pegado en un poste, que nadie puede entrar en el establecimiento público sino los viajeros, los mozos que traen sus fardos, los dependientes y las personas que vienen a despedir o recibir a los viajeros; es decir, que allí sólo puede entrar todo el mundo. Al lado numerosas y largas tarifas indican las líneas, los itinerarios, los precios; aconsejaremos sin embargo a cualquiera, que reproduzca, al ver las listas impresas, la pregunta de aquel palurdo que iba a entrar años pasados en el Botánico con chaqueta y palo, y a quien un dependiente decía:

–No se puede pasar con ese traje; ¿no ve el cartel puesto de ayer?

–Sí, señor –contestó el palurdo–, pero ... ¿eso rige todavía?

Lea, pues, el curioso las tarifas y pregunte luego: verá cómo no hay carruajes para muchas de las líneas indicadas; pero no se desconsuele, le dirán la razón.

–¡Como los facciosos están por ahí, y por allí, y por más allá!

Esto siempre satisface; verá además cómo los precios no son los mismos que cita el aviso; en una palabra, si el curioso quiere proceder por orden, pregunte y lea después, y si quiere atajar, pregunte y no lea. La mejor tarifa es un dependiente; podrá suceder que no haya quien dé razón; pero en ese caso puede volver a otra hora, o no volver si no quiere.

El patio comienza a llenarse de viajeros y de sus familias y amigos; los unos se distinguen fácilmente de los otros. Los viajeros entran despacio; como muy enterados de la hora, están ya como en su casa; los que vienen a despedirles, si no han venido con ellos, entran deprisa y preguntando:

–¿Ha marchado ya la Diligencia? ¡Ah, no; aquí está todavía!

Los primeros tienen capa o capote, aunque haga calor; echarpe al cuello y gorro griego o gorra si son hombres; si son mujeres, gorro o papalina, y un enorme ridículo; allí va el pañuelo, el abanico, el dinero, el pasaporte, el vaso de camino, las llaves, ¡qué más sé yo!

Los acompañantes, portadores de menos aparato, se presentan vestidos de ciudad, a la ligera.

A la derecha del patio se divisa una pequeña habitación; agrupados allí los viajeros al lado de sus equipajes, piensan el último momento de su estancia en la población; media hora falta sólo;

una niña –¡qué joven, qué interesante!–, apoyada la mejilla en la mano, parece exhalar la vida por los ojos cuajados en lágrimas; a su lado el objeto de sus miradas procura consolarla, oprimiendo acaso por última vez su lindo pie, su trémula mano ...

–Vamos, niña –dice la madre, robusta e impávida matrona, a quien nadie oprime nada, y cuya despedida no es la primera ni la última–, ¿a qué vienen esos llantos? No parece sino que nos vamos del mundo.

Un militar que va solo examina curiosamente las compañeras de viaje; en su aire determinado se conoce que ha viajado y conoce a fondo todas las ventajas de la presión de una Diligencia. Sabe que en Diligencia el amor sobre todo hace mucho camino en pocas horas. La naturaleza, en los viajes, desnuda de las consideraciones de la sociedad, y muchas veces del pudor, hijo del conocimiento de las personas, queda sola y triunfa por lo regular. ¿Cómo no adherirse a la persona a quien nunca se ha visto, a quien nunca se volverá acaso a ver, que no le conoce a uno, que no vive en su círculo, que no puede hablar ni desacreditar, y con quien se va encerrado dentro de un cajón dos, tres días con sus noches? Luego parece que la sociedad no está allí; una diligencia viene a ser para los dos sexos una isla desierta; y en las islas desiertas no sería precisamente donde tendríamos que sufrir más desaires de la belleza. Por otra parte, ¡qué franqueza tan natural no tiene que establecerse entre los viajeros! ¡Qué multitud de ocasiones de prestarse mutuos servicios! ¡Cuántas veces al día se pierde un guante, se cae un pañuelo, se deja olvidado algo en el coche o en la posada! ¡Cuántas veces hay que dar la mano para bajar o subir! Hasta el rápido movimiento de la diligencia parece un aviso secreto de lo rápida que pasa la vida, de lo precioso que es el tiempo; todo debe ir deprisa en diligencia. Una salida de un pueblo deja siempre cierta tristeza que no es natural al hombre; sabido es que nunca está el corazón más dispuesto a recibir impresiones que cuando está triste: los amigos, los parientes que quedan atrás dejan un vacío inmenso. ¡Ah! ¡La naturaleza es enemiga del vacío!

Nuestro militar sabe todo esto; pero sabe también que toda regla tiene excepciones, y que la edad de quince años es la edad de las excepciones; pasa, pues, rápidamente al lado de la niña con una sonrisa, mitad burlesca, mitad compasiva.

–¡Pobre niña! –dice entre dientes–; ¡lo que es la poca edad! ¡Si pensará que no se aprecian las caras bonitas más que en Madrid! El tiempo le enseñará que es moneda corriente en todos los países.

Una bella parece despedirse de un hombre de unos cuarenta años; el militar fija el lente; ella es la que parte; hay lágrimas, sí; pero ¿cuándo no lloran las mujeres? Las lágrimas por sí solas no quieren decir nada; luego hay cierta diferencia entre éstas y las de la niña; una sonrisa de satisfacción se dibuja en los labios del militar. Entre las ternezas de despedida se deslizan algunas frases, que no son reñir enteramente, pero poco menos: hay cierta frialdad, cierto dominio en el hombre. ¡Ah, es su marido!

'Se puede querer mucho a su marido –dice el militar para sí– y hacer un viaje divertido'.

–¡Voto va!, ya ha marchado –entra gritando un original cuyos bolsillos vienen llenos de salchichón para el camino, de frasquetes ensogados, de petacas, de gorros de dormir, de pañuelos, de chismes de encender ... ¡Ah!, ¡ah!, éste es un verdadero viajero; su mujer le acosa a preguntas:

–¿Se ha olvidado el pastel?

–No, aquí le traigo.

–¿Tabaco?

–No, aquí está.

–¿El gorro?

–En este bolsillo.

–¿El pasaporte?

–En este otro.

Su exclamación al entrar no carece de fundamento, faltan sólo minutos, y no se divisa disposición alguna de viaje. La calma de los mayorales y zagales contrasta singularmente con la prisa y la impaciencia que se nota en las menores acciones de los viajeros; pero es de advertir que éstos, al ponerse en camino, alteran el orden de su vida para hacer una cosa extraordinaria; el mayoral y el zagal por el contrario hacen lo de todos los días.

Por fin, se adelanta la Diligencia, se aplica la escalera a sus costados, y la baca recibe en su seno los paquetes; en menos de un minuto está dispuesta la carga, y salen los caballos lentamente a colocarse en su puesto. Es de ver la impasibilidad del conductor a las repetidas solicitudes de los viajeros.

–A ver, esa maleta; que vaya donde se pueda sacar.

–Que no se moje ese baúl.

–Encima ese saco de noche.

–Cuidado con la sombrerera.

–Ese paquete, que es cosa delicada.

Todo lo oye, lo toma, lo encajona, a nadie responde; es un tirano en sus dominios.

–La hoja, señores, ¿tienen ustedes todos sus pasaportes? ¿Están todos? Al coche, al coche.

El patio de las Diligencias es a un cementerio lo que el sueño a la muerte, no hay más diferencia que la ausencia y el sueño pueden no ser para siempre; no les comprende el terrible *voi ch'intrate lasciate ogni speranza*,[172] de Dante.

Se suceden los últimos abrazos, se renuevan los últimos apretones de manos; los hombres tienen vergüenza de llorar y se reprimen, y las mujeres lloran sin vergüenza.

–Vamos, señores –repite el conductor; y todo el mundo se coloca.

La niña, anegada en lágrimas, cae entre su madre y un viejo achacoso que va a tomar las aguas; la bella casada entre una actriz que va a las provincias, y que lleva sobre las rodillas una gran caja de cartón con sus preciosidades de reina y princesa, y una vieja monstruosa que lleva encima un perro faldero, que ladra y muerde por el pronto como si viese al aguador, y que hará probablemente algunas otras gracias por el camino. El militar se arroja de mal humor en el cabriolé, entre un francés que le pregunta: '¿Tendremos ladrones?' y un fraile corpulento, que con arreglo a su voto de humildad y de penitencia, va a viajar en estos carruajes tan incómodos. La rotonda va ocupada por el hombre de las provisiones; una

172 'Abandon all hope, ye who enter here', a famous quotation from Dante's *Inferno*.

robusta señora que lleva un niño de pecho, y un bambino de cuatro años, que salta sobre sus piernas para asomarse de continuo a la ventanilla; una vieja verde,[173] llena de años y de lazos, que arregla entre las piernas del suculento viajero una caja de un loro, e hinca el codo, para colocarse, en el costado de un abogado, el cual hace un gesto, y vista la mala compañía en que va, trata de acomodarse para dormir, como si fuera ya juez. Empaquetado todo el mundo se confunden en el aire los ladridos del perrito, la tos del fraile, el llanto de la criatura; las preguntas del francés, los chillidos del bambino, que arrea los caballos desde la ventanilla, los sollozos de la niña, los juramentos del militar, las palabras enseñadas del loro, y multitud de frases de despedida.

–Adiós.

–Hasta la vuelta.

–Tantas cosas a Pepe.

–Envíame el papel que se ha olvidado.

–Que escribas en llegando.

–Buen viaje.

Por fin suena el agudo rechinido del látigo, la mole inmensa se conmueve y, estremeciendo el empedrado, se emprende el viaje, semejante en la calle a una casa que se desprendiese de las demás con todos sus trastos e inquilinos a buscar otra ciudad en donde empotrarse de nuevo.

Revista Mensajero, n.º 47, 16 de abril de 1835.
Firmado: Fígaro.

173 *Vieja verde*: a lascivious old woman.

Los calaveras.
Artículo primero

Es cosa que daría que hacer a los etimologistas y a los anatómicos de lenguas el averiguar el origen de la voz *calavera* en su acepción figurada, puesto que la propia no puede tener otro sentido que la designación del cráneo de un muerto, ya vacío y descarnado.[174] Yo no recuerdo haber visto empleada esta voz, como sustantivo masculino, en ninguno de nuestros autores antiguos, y esto prueba que esta acepción picaresca es de uso moderno. La especie, sin embargo, de seres a que se aplica ha sido de todos los tiempos. El famoso Alcibíades era el *calavera* más perfecto de Atenas;[175] el célebre filósofo que arrojó sus tesoros al mar no hizo en eso más que una *calaverada*, a mi entender de muy mal gusto;[176] César, marido de todas las mujeres de Roma, hubiera pasado en el día por un excelente *calavera*; Marco Antonio echando a Cleopatra por contrapeso en la balanza del destino del Imperio, no podía ser más que un *calavera*; en una palabra, la suerte de más de un pueblo se ha decidido a veces por una simple *calaverada*. Si la historia, en vez de escribirse como un índice de los crímenes de los reyes y una crónica de unas cuantas familias, se escribiera con esta especie de filosofía, como un cuadro de costumbres privadas, se vería probada aquella verdad; y muchos de los importantes trastornos que han cambiado

---

174 Although the primary meaning of *calavera* is 'skull', it is also applied to someone of a volatile and libertine nature. As Larra shows in the two articles dedicated to this stereotype, *calavera* is an umbrella term for a wide range of characters, equivalent to a rake but also a rotter or a playboy.

175 Alcibiades (450–404 BC) was a general from Athens characterized by his charm and beauty, but also by his fickleness and instability, having changed his alliance from Athens to Sparta.

176 Probably a reference to the Cynic philosopher Crates of Thebes (*c.*365–*c.*285 BC), who, according to some versions of his life, threw all his money into the sea.

la faz del mundo, a los cuales han solido achacar grandes causas los políticos, encontrarían una clave de muy verosímil y sencilla explicación en las *calaveradas*.

Dejando aparte la antigüedad (por más mérito que les añada, puesto que hay muchas gentes que no tienen otro), y volviendo a la etimología de la voz, confieso que no encuentro qué relación puede existir entre un *calavera* y una *calavera*. ¡Cuánto exceso de vida no supone el primero! ¡Cuánta ausencia de ella no supone la segunda! Si se quiere decir que hay un punto de similitud entre el vacío del uno y de la otra, no tardaremos en demostrar que es un error. Aun concediendo que las cabezas se dividan en vacías y en llenas, y que la ausencia del talento y del juicio se refiera a la primera clase, espero que por mi artículo se convencerá cualquiera de que para pocas cosas se necesita más talento y buen juicio que para ser *calavera*.

Por tanto, el haber querido dar un aire de apodo y de vilipendio a los 'calaveras' es una injusticia de la lengua y de los hombres que acertaron a darle los primeros ese giro malicioso: yo por mí rehúso esa voz; confieso que quisiera darle una nobleza, un sentido favorable, un carácter de dignidad que desgraciadamente no tiene, y así sólo la usaré porque no teniendo otra a mano, y encontrando ésa establecida, aquellos mismos cuya causa defiendo se harán cargo de lo difícil que me sería darme a entender valiéndome para designarlos de una palabra nueva; ellos mismos no se reconocerían, y no reconociéndolos seguramente el público tampoco, vendría a ser inútil la descripción que de ellos voy a hacer.

Todos tenemos algo de 'calaveras', más o menos. ¿Quién no hace locuras y disparates alguna vez en su vida? ¿Quién no ha hecho versos, quién no ha creído en alguna mujer, quién no se ha dado malos ratos algún día por ella, quién no ha prestado dinero, quién no lo ha debido, quién no ha abandonado alguna cosa que le importase por otra que le gustase, quién no se casa, en fin? ... Todos lo somos; pero así como no se llama locos sino a aquellos cuya locura no está en armonía con la de los más, así sólo se llama 'calaveras' a aquellos cuya serie de acciones continuadas son diferentes de las que los otros tuvieran en iguales casos.

El *calavera* se divide y subdivide hasta lo infinito, y es difícil encontrar en la naturaleza una especie que presente al observador mayor número de castas distintas; tienen todas, empero, un tipo común de donde parten, y en rigor sólo dos son las calidades esenciales que determinan su ser, y que las reúnen en una sola especie; en ellas se reconoce al *calavera*, de cualquier casta que sea.

1.º El *calavera* debe tener por base de su ser lo que se llama *talento natural* por unos, *despejo* por otros, viveza por los más. Entiéndase esto bien: *talento natural*, es decir, no cultivado. Esto se explica: toda clase de estudio profundo, o de extensa instrucción, sería lastre demasiado pesado que se opondría a esa ligereza, que es una de sus más amables cualidades.

2.º El *calavera* debe tener lo que se llama en el mundo *poca aprensión*. No se interprete esto tampoco en mal sentido. Todo lo contrario. Esta *poca aprensión* es aquella indiferencia filosófica con que considera *el qué dirán* el que no hace más que cosas naturales, el que no hace cosas vergonzosas. Se reduce a arrostrar en todas nuestras acciones la publicidad, a vivir ante los otros, más para ellos que para uno mismo. El *calavera* es un hombre público cuyos actos todos pasan por el tamiz de la opinión, saliendo de él más depurados. Es un espectáculo cuyo telón está siempre descorrido; quítenselo los espectadores, y adiós teatro. Sabido es que con mucha aprensión no hay teatro.

El *talento natural*, pues, y la *poca aprensión* son las dos cualidades distintivas de la especie: sin ellas no se da *calavera*. Un tonto, un timorato del *qué dirán*, no lo serán jamás. Sería tiempo perdido.

El *calavera* se divide en *silvestre* y *doméstico*.

El *calavera silvestre* es hombre de la plebe, sin educación ninguna y sin modales; es el capataz del barrio, tiene honores de jaque, habla andaluz; su conversación va salpicada de chistes; enciende un cigarro en otro, escupe por el colmillo; convida siempre y nadie paga donde está él; es chulo nato; dos cosas son indispensables a su existencia: la querida, que es manola, condición *sine qua non*, y la navaja, que es grande; por un quítame allá esas pajas[177] le da

---

177 *Por un quítame allá esas pajas*: for a matter of no importance.

honrosa sepultura en un cuerpo humano. Sus manos siempre están ocupadas: o empaqueta el cigarro, o saca la navaja, o tercia la capa, o se cala el chapeo, o se aprieta la faja, o vibra el garrote: siempre está haciendo algo. Se le conoce a larga distancia, y es bueno dejarle pasar como al jabalí. ¡Ay del que mire a su Dulcinea![178] ¡Ay del que la tropiece! Si es hombre de levita, sobre todo, si es señorito delicado, más le valiera no haber nacido. Con esa especie está a matar, y la mayor parte de sus calaveradas recaen sobre ella; se perece por asustar a uno, por desplumar a otro. El *calavera silvestre* es el gato del *lechuguino*, así es que éste le ve con terror; de quimera en quimera, de 'qué se me da a mí' en 'qué se me da a mí', para en la cárcel; a veces en presidio, pero esto último es raro; se diferencia esencialmente del ladrón en su condición generosa: da y no recibe; puede ser homicida, nunca asesino. Este *calavera* es esencialmente español.

El *calavera doméstico* admite diferentes grados de civilización, y su cuna, su edad, su profesión, su dinero le subdividen después en diversas castas. Las principales son las siguientes:

El *calavera lampiño* tiene catorce o quince años, lo más dieciocho. Sus padres no pudieron nunca hacer carrera con él: le metieron en el colegio para quitársele de encima y hubieron de sacarle porque no dejaba allí cosa con cosa. Mientras que sus compañeros más laboriosos devoraban los libros para entenderlos, él los despedazaba para hacer bolitas de papel, las cuales arrojaba disimuladamente y con singular tino a las narices del maestro. A pesar de eso, el día de examen, el talento profundo y tímido se cortaba, y nuestro audaz muchacho repetía con osadía las cuatro voces tercas que había recogido aquí y allí y se llevaba el premio. Su carácter resuelto ejercía predominio sobre la multitud, y capitaneaba por lo regular las pandillas y los partidos. Despreciador de los bienes mundanos, su sombrero, que le servía de blanco o de pelota, se distinguía de los demás sombreros como él de los demás jóvenes.

En carnaval era el que ponía las mazas a todo el mundo, y aun las manos encima si tenían la torpeza de enfadarse; si era descu-

---

178 The fictional heroine of Cervantes's *Don Quijote*.

bierto hacía pasar a otro por el culpable, o sufría en el último caso la pena con valor y riéndose todavía del feliz éxito de su travesura. Es decir, que el *calavera*, como todo el que ha de ser algo en el mundo, comienza a descubrir desde su más tierna edad el germen que encierra. El número de sus hazañas era infinito. Un maestro había perdido unos anteojos que se habían encontrado en su faltriquera; el rapé de otro había pasado al chocolate de sus compañeros, o a las narices de los gatos, que recorrían bufando los corredores con gran risa de los más juiciosos; la peluca del maestro de matemáticas había quedado un día enganchada en un sillón, al levantarse el pobre Euclides,[179] con notable perturbación de un problema que estaba por resolver. Aquel día no se despejó más incógnita que la calva del buen señor.

Fuera ya del colegio, se trató de sujetarle en casa y se le puso bajo llave, pero a la mañana siguiente se encontraron colgadas las sábanas de la ventana; el pájaro había volado, y como sus padres se convencieron de que no había forma de contenerle, convinieron en que era preciso dejarle. De aquí fecha la libertad del *lampiño*. Es el más pesado, el más incómodo; careciendo todavía de barba y de reputación, necesita hacer dobles esfuerzos para llamar la pública atención; privado él de los medios, le es forzoso afectarlos. Es risa oírle hablar de las mujeres como un hombre ya maduro; sacar el reloj como si tuviera que hacer; contar todas sus acciones del día como si pudieran importarle a alguien, pero con despejo, con soltura, con aire cansado y corrido.

Por la mañana madrugó porque tenía una cita; a las diez se vino a encargar el billete para la ópera, porque hoy daría cien onzas por un billete; no puede faltar. ¡Estas mujeres le hacen a uno hacer tantos disparates! A media mañana se fue al billar; aunque hijo de familia no come nunca en casa; entra en el café metiendo mucho ruido, su duro es el que más suena; sus bienes se reducen a algunas monedas que debe de vez en cuando a la generosidad de su mamá o de su hermana, pero las luce sobremanera. El billar es su elemento; los intervalos que le deja libres el juego suéleselos ocupar cierta clase

---

179 Euclid of Alexandria (*c.*300 BC), a Greek mathematician.

176

de mujeres, únicas que pueden hacerle cara todavía, y en cuyo trato toma sus peregrinos conocimientos acerca del corazón femenino. A veces el *calavera lampiño* se finge malo para darse importancia; y si puede estarlo de veras, mejor; entonces está de enhorabuena. Empieza asimismo a fumar, es más cigarro que hombre, jura y perjura y habla detestablemente; su boca es una sentina, si bien tal vez con chiste. Va por la calle deseando que alguien le tropiece, y cuando no lo hace nadie, tropieza él a alguno; su honor entonces está comprometido, y hay de fijo un desafío; si éste acaba mal, y si mete ruido, en aquel mismo punto empieza a tomar importancia, y entrando en otra casta, como la oruga que se torna mariposa, deja de ser *calavera lampiño*. Sus padres, que ven por fin decididamente que no hay forma de hacerle abogado, le hacen meritorio; pero como no asiste a la oficina, como bosqueja en ella las caricaturas de los jefes, porque tiene el instinto del dibujo, se muda de bisiesto[180] y se trata de hacerlo militar; en cuanto está declarado irremisiblemente mala cabeza se le busca una charretera, y, si se encuentra, ya es un hombre hecho.

Aquí empieza el *calavera temerón*, que es el *gran calavera*. Pero nuestro artículo ha crecido debajo de la pluma más de lo que hubiéramos querido, y de aquello que para un periódico convendría, ¡tan fecunda es la materia! Por tanto nuestros lectores nos concederán algún ligero descanso, y remitirán al número siguiente su curiosidad, si alguna tienen.

Revista Mensajero, n.º 94, 2 de junio de 1835.

---

180 *Mudar de bisiesto*: to change language or conduct.

Los calaveras.
Artículo segundo y conclusión

Quedábamos al fin de nuestro artículo anterior en el *calavera temerón*. Éste se divide en paisano y militar; si el influjo no fue bastante para lograr su charretera (porque alguna vez ocurre que las charreteras se dan por influjo), entonces es paisano, pero no existe entre uno y otro más que la diferencia del uniforme. Verdad es que es muy esencial, y más importante de lo que parece: el uniforme ya es la mitad. Es decir, que el paisano necesita hacer dobles esfuerzos para darse a conocer; es una casa pública sin muestra; es preciso saber que existe para entrar en ella. Pero por un contraste singular el *calavera temerón*, una vez militar, afecta no llevar el uniforme, viste de paisano, salvo el bigote;[181] sin embargo, si se examina el modo suelto que tiene de llevar el frac o la levita, se puede decir que hasta este traje es uniforme en él. Falta la plata y el oro, pero queda el despejo y la marcialidad, y eso se trasluce siempre; no hay paño bastante negro ni tupido que le ahogue.

El *calavera temerón* tiene indispensablemente, o ha tenido alguna temporada, una cerbatana, en la cual adquiere singular tino. Colocado en alguna tienda de la calle de la Montera, se parapeta detrás de dos o tres amigos, que fingen discurrir seriamente.

–Aquel viejo que viene allí. ¡Mírale qué serio viene!

–Sí; al de la casaca verde, ¡va bueno!

–Dejad, dejad. ¡Pum!, en el sombrero. Seguid hablando y no miréis.

Efectivamente, el sombrero del buen hombre produjo un sonido seco; el acometido se para, se quita el sombrero, lo examina.

–¡Ahora! –dice la turba.

–¡Pum!, otra en la calva.

---

181 Mustaches were, at this time, a sign of belonging to the military service as only soldiers were allowed to sport them.

El viejo da un salto y echa una mano a la calva; mira a todas partes ... nada.

–¡Está bueno! –dice por fin, poniéndose el sombrero–. Algún pillastre ... bien podía irse a divertir...

–¡Pobre señor! –dice entonces el *calavera*, acercándosele–. ¿Le han dado a usted? Es una desvergüenza ... pero ¿le han hecho a usted mal ...?

–No, señor, felizmente.

–¿Quiere usted algo?

–Tantas gracias.

Después de haber dado gracias, el hombre se va alejando, volviendo poco a poco la cabeza a ver si descubría ... pero entonces el *calavera* le asesta su último tiro, que acierta a darle en medio de las narices, y el hombre derrotado aprieta el paso, sin tratar ya de averiguar de dónde procede el fuego; ya no piensa más que en alejarse. Sueltase entonces la carcajada en el corrillo, y empiezan los comentarios sobre el viejo, sobre el sombrero, sobre la calva, sobre el frac verde. Nada causa más risa que la extrañeza y el enfado del pobre; sin embargo, nada más natural.

El *calavera temerón* escoge a veces para su centro de operaciones la parte interior de una persiana; este medio permite más abandono en la risa de los amigos, y es el más oculto; el *calavera* fino le desdeña por poco expuesto.

A veces se dispara la cerbatana en guerrilla; entonces se escoge por blanco el farolillo de un escarolero, el fanal de un confitero, las botellas de una tienda; objetos todos en que produce el barro cocido un sonido sonoro y argentino. ¡Pim!: las ansias mortales, las agonías y los votos del gallego y del fabricante de merengues son el alimento del *calavera*.

Otras veces el *calavera* se coloca en el confín de la acera y, fingiendo buscar el número de una casa, ve venir a uno, y andando con la cabeza alta, arriba, abajo, a un lado, a otro, sortea todos los movimientos del transeúnte, cerrándole por todas partes el paso a su camino. Cuando quiere poner término a la escena, finge tropezar con él y le da un pisotón; el otro entonces le dice: 'perdone usted'; y el *calavera* se incorpora con su gente.

A los pocos pasos se va con los brazos abiertos a un hombre muy formal, y ahogándole entre ellos:

–Pepe –exclama–, ¿cuándo has vuelto? ¡Sí, tú eres! –Y lo mira.

El hombre, todo aturdido, duda si es un conocimiento antiguo ... y tartamudea ... Fingiendo entonces la mayor sorpresa:

–¡Ah!, usted perdone –dice retirándose el *calavera*–, creí que era usted amigo mío ...

–No hay de qué.

–Usted perdone. ¡Qué diantre! No he visto cosa más parecida.

Si se retira a la una o las dos de su tertulia, y pasa por una botica, llama; el mancebo, medio dormido, se asoma a la ventanilla.

–¿Quién es?

–Dígame usted –pregunta el *calavera*–, ¿tendría usted espolines?

Cualquiera puede figurarse la respuesta; feliz el mancebo, si en vez de hacerle esa sencilla pregunta, no le ocurre al *calavera* asirle de las narices al través de la rejilla, diciéndole:

–Retírese usted; la noche está muy fresca y puede usted atrapar un constipado.

Otra noche llama a deshoras a una puerta.

–¿Quién? –pregunta de allí a un rato un hombre que sale al balcón medio desnudo.

–Nada –contesta–; soy yo, a quien no conoce; no quería irme a mi casa sin darle a usted las buenas noches.

–¡Bribón! ¡Insolente! Si bajo ...

–A ver cómo baja usted; baje usted: usted perdería más; figúrese usted dónde estaré yo cuando usted llegue a la calle. Conque buenas noches; sosiéguese usted, y que usted descanse.

Claro está que el *calavera* necesita espectadores para todas estas escenas: los placeres sólo lo son en cuanto pueden comunicarse; por tanto el *calavera* cría a su alrededor constantemente una pequeña corte de aprendices, o de meros curiosos, que no teniendo valor o gracia bastante para serlo ellos mismos, se contentan con el papel de cómplices y partícipes; éstos le miran con envidia, y son las trompetas de su fama.

El *calavera langosta* se forma del anterior, y tiene el aire más decidido, el sombrero más ladeado, la corbata más *negligé*;[182] sus hazañas son más serias; éste es aquel que se reúne en pandillas; semejante a la *langosta*, de que toma nombre, tala el campo donde cae; pero, como ella, no es de todos los años, tiene temporadas, y como en el día no es de lo más en boga, pasaremos muy rápidamente sobre él. Concurre a los bailes llamados 'de candil',[183] donde entra sin que nadie le presente, y donde su sola presencia difunde el terror; arma camorra, apaga las luces, y se escurre antes de la llegada de la policía, y después de haber dado unos cuantos palos a derecha e izquierda; en las máscaras suele mover también su zipizape; en viendo una figura antipática, dice: 'aquel hombre me carga'; se va para él, y le aplica un bofetón; de diez hombres que reciban bofetón, los nueve se quedan tranquilamente con él, pero si alguno quiere devolverle, hay desafío; la suerte decide entonces, porque el *calavera* es valiente; éste es el difícil de mirar: tiene un duelo hoy con uno que le miró de frente, mañana con uno que le miró de soslayo, y al día siguiente lo tendrá con otro que no le mire; éste es el que suele ir a las casas públicas con ánimo de no pagar; éste es el que talla y apunta con furor; es jugador, griego[184] nato, y gran billarista además. En una palabra, éste es el venenoso, el *calavera plaga*; los demás divierten; éste mata.

Dos líneas más allá de éste está otra casta que nosotros rehusaremos desde luego; el *calavera tramposo*, o trapalón, el que hace deudas, el parásito, el que comete a veces picardías, el que empresta para no devolver, el que vive a costa de todo el mundo, etc., etcétera; pero éstos no son verdaderamente calaveras; son indignos de este nombre; ésos son los que desacreditan el oficio, y por ellos pierden los demás. No los reconocemos.

Sólo tres clases hemos conocido más detestables que ésta; la primera es común en el día, y como al describirla habríamos de

---

182 From the French *négligée* ('neglected'), here denoting a style of dress, easy and informal.

183 A popular dance held by candlelight, especially popular in Andalucía and Extremadura.

184 In colloquial usage, *griego* also meant *tahur*, or someone skilled in cheating in card games.

rozarnos con materias muy delicadas, y para nosotros respetables, no haremos más que indicarla. Queremos hablar del *calavera cura*. Vuelvo a pedir perdón; pero ¿quién no conoce en el día algún sacerdote de esos que queriendo pasar por hombres despreocupados, y limpiarse de la fama de carlistas, dan en el extremo opuesto; de esos que para exagerar su liberalismo y su ilustración empiezan por llorar su ministerio; a quienes se ve siempre alrededor del tapete y de las bellas en bailes y en teatros, y en todo paraje profano, vestidos siempre y hablando mundanamente; que hacen alarde de ...? Pero nuestros lectores nos comprenden. Este *calavera* es detestable, porque el cura liberal y despreocupado debe ser el más timorato de Dios, y el mejor morigerado. No creer en Dios y decirse su ministro, o creer en él y faltarle descaradamente, son la hipocresía o el crimen más hediondos. Vale más ser cura carlista de buena fe.

La segunda de esas aborrecibles castas es el *viejo calavera*, planta como la caña, hueca y árida con hojas verdes. No necesitamos describirla, ni dar las razones de nuestro fallo. Recuerde el lector esos viejos que conocerá, un decrépito que persigue a las bellas, y se roza entre ellas como se arrastra un caracol entre las flores, llenándolas de baba; un viejo sin orden, sin casa, sin método ... el joven, al fin, tiene delante de sí tiempo para la enmienda y disculpa en la sangre ardiente que corre por sus venas; el *viejo calavera* es la torre antigua y cuarteada que amenaza sepultar en su ruina la planta inocente que nace a sus pies; sin embargo, éste es el único a quien cuadraría el nombre de *calavera*.

La tercera, en fin, es la *mujer calavera*. La mujer con *poca aprensión*, y que prescinde del primer mérito de su sexo, de ese miedo a todo, que tanto la hermosea, cesa de ser mujer para ser hombre; es la confusión de los sexos, el único hermafrodita de la naturaleza; ¿qué deja para nosotros? La mujer, reprimiendo sus pasiones, puede ser desgraciada, pero no le es lícito ser *calavera*. Cuanto es interesante la primera, tanto es despreciable la segunda.

Después del *calavera temerón* hablaremos del *seudocalavera*. Éste es aquel que sin gracia, sin ingenio, sin viveza y sin valor verdadero, se esfuerza para pasar por *calavera*; es género bastardo, y pudiérasele llamar por lo pesado y lo enfadoso el calavera mosca. *Rien n'est beau que le vrai*, ha dicho Boileau,[185] y en esta sentencia se encierra toda la crítica de esa apócrifa casta.

Dejando por fin a un lado otras varias, cuyas diferencias estriban principalmente en matices y en medias tintas, pero que en realidad se refieren a las castas madres de que hemos hablado, concluiremos nuestro cuadro en un ligero bosquejo de la más delicada y exquisita, es decir, del *calavera de buen tono*.

El *calavera de buen tono* es el tipo de la civilización, el emblema del siglo XIX. Perteneciendo a la primera clase de la sociedad, o debiendo a su mérito y a su carácter la introducción en ella, ha recibido una educación esmerada; dibuja con primor y toca un instrumento; filarmónico nato, dirige el aplauso en la ópera, y le dirige siempre a la más graciosa o a la más sentimental; más de una mala cantatriz le es deudora de su boga; se ríe de los actores españoles y acaudilla las silbas contra el verso; sus carcajadas se oyen en el teatro a larga distancia; por el sonido se le encuentra; reside en la luneta al principio del espectáculo, donde entra tarde en el paso más crítico y del cual se va temprano; reconoce los palcos, donde habla muy alto, y rara noche se olvida de aparecer un momento por la *tertulia*[186] a asestar su doble anteojo a la banda opuesta. Maneja bien las armas y se bate a menudo, semejante en eso al *temerón*, pero siempre con fortuna y a primera sangre; sus duelos rematan en almuerzo, y son siempre por poca cosa. Monta a caballo y atropella con gracia a la gente de a pie; habla el francés, el inglés y el italiano; saluda en una lengua, contesta en otra, cita en las tres; sabe casi de memoria a Paul de Kock, ha leído a Walter Scott, a D'Arlincourt, a Cooper, no ignora a Voltaire, cita a Pigault-Lebrun, mienta a Ariosto y habla con desenfado de los poetas y del teatro.[187] Baila bien y baila siempre. Cuenta anécdotas picantes, le suceden cosas raras, habla deprisa y tiene 'salidas'.[188] Todo el mundo sabe lo que

185 'Only that which is truthful can be beautiful', Boileau, *Art poétique*, I.
186 Here, *tertulia* is an elevated gallery inside a theatre.
187 Authors of popular novels: de Kock (1793–1871), who was criticized by Larra; James Fenimore Cooper (1789–1851), the author of *Last of the Mohicans*, and Charles-Victor Prévot, Viscount of D'Arlincourt (1788–1856).
188 Here, this means a quip or witty retort.

es tener 'salidas'. Las suyas se cuentan por todas partes; siempre son originales; en los casos en que él se ha visto sólo él hubiera hecho, hubiera respondido aquello. Cuando ha dicho una gracia tiene el singular tino de marcharse inmediatamente; esto prueba gran conocimiento; la última impresión es la mejor de esta suerte, y todos pueden quedar riendo y diciendo además de él: '¡Qué cabeza! ¡Es mucho Fulano!'.

No tiene formalidad, ni vuelve visitas, ni cumple palabras; pero de él es de quien se dice: '¡Cosas de Fulano!'. Y el hombre que llega a tener 'cosas' es libre, es independiente. Niéguesenos, pues, ahora que se necesita talento y buen juicio para ser *calavera*. Cuando otro falta a una mujer, cuando otro es insolente, él es sólo atrevido, amable; las bellas que se enfadarían con otro, se contentan con decirle a él: '¡No sea usted loco! ¡Qué calavera! ¿Cuándo ha de sentar usted la cabeza?'

Cuando se concede que un hombre está loco, ¿cómo es posible enfadarse con él? Sería preciso ser más loca todavía.

Dichoso aquel a quien llaman las mujeres *calavera*, porque el bello sexo gusta sobremanera de toda especie de fama; es preciso conocerle, fijarle, probar a sentarle, es una obra de caridad. El *calavera de buen tono* es, pues, el adorno primero del siglo, el que anima un círculo, el cupido de las damas, *l'enfant gâté*[189] de la sociedad y de las hermosas.

Es el único que ve el mundo y sus cosas en su verdadero punto de vista; desprecia el dinero, le juega, le pierde, le debe, pero siempre noblemente y en gran cantidad; trata, frecuenta, quiere a alguna bailarina o a alguna operista; pero amores volanderos. Mariposa ligera, vuela de flor en flor. Tiene algún amor sentimental y no está nunca sin intrigas, pero intrigas de peligro y consecuencias; es el terror de los padres y de los maridos. Sabe que, semejante a la moneda, sólo toma su valor de su curso y circulación, y por consiguiente no se adhiere a una mujer sino el tiempo necesario para que se sepa. Una vez satisfecha la vanidad, ¿qué podría hacer de ella? El estancarse sería perecer; se creería falta de recursos o

189 'The spoilt child'.

de mérito su constancia. Cuando su boga decae, la reanima con algún escándalo ligero; un escándalo es para la fama y la fortuna del *calavera* un leño seco en la lumbre; una hermosa ligeramente comprometida, un marido batido en duelo son sus despachos y su pasaporte; todas le obsequian, le pretenden, se le disputan. Una mujer arruinada por él es un mérito contraído para con las demás. El hombre no *calavera*, el hombre *de talento* y *juicio* se enamora, y por consiguiente es víctima de las mujeres; por el contrario las mujeres son las víctimas del *calavera*. Dígasenos ahora si el hombre de *talento* y *juicio* no es un necio a su lado.

El fin de éste es la edad misma; una posición social nueva, un empleo distinguido, una boda ventajosa, ponen término honroso a sus inocentes travesuras. Semejante entonces al sol en su ocaso, se retira majestuosamente, dejando, si se casa, su puesto a otros, que vengan en él a la sociedad ofendida, y cobran en el nuevo marido, a veces con crecidos intereses, las letras que él contra sus antecesores girara.

Sólo una observación general haremos antes de concluir nuestro artículo acerca de lo que se llama en el mundo vulgarmente *calave-radas*. Nos parece que éstas se juzgan siempre por los resultados; por consiguiente a veces una línea imperceptible divide única-mente al *calavera* del genio, y la suerte caprichosa los separa o los confunde en una para siempre. Supóngase que Cristóbal Colón perece víctima del furor de su gente antes de encontrar el nuevo mundo, y que Napoleón es fusilado de vuelta de Egipto, como acaso merecía; la intentona de aquél y la insubordinación de éste hubieran pasado por dos *calaveradas*, y ellos no hubieran sido más que dos *calaveras*. Por el contrario, en el día están sentados en el gran libro como dos *grandes hombres*, dos *genios*.

Tal es el modo de juzgar de los hombres; sin embargo, eso se aprecia, eso sirve muchas veces de regla. ¿Y por qué? ... Porque tal es la *opinión pública*.

Revista Mensajero, n.º 97, 5 de junio de 1835.

Modos de vivir que no dan de vivir.
Oficio menudos

Considerando detenidamente la construcción moral de un gran pueblo se puede observar que lo que se llama 'profesiones conocidas o carreras' no es lo que sostiene la gran muchedumbre; descártense los abogados y los médicos, cuyo oficio es vivir de los disparates y excesos de los demás; los curas, que fundan su vida temporal sobre la espiritual de los fieles; los militares, que venden la suya con la expresa condición de matar a los otros; los comerciantes, que reducen hasta los sentimientos y pasiones a valores de bolsa; los nacidos propietarios, que viven de heredar; los artistas, únicos que dan trabajo por dinero, etc., etc.; y todavía quedará una multitud inmensa que no existirá de ninguna de esas cosas, y que sin embargo existirá; su número en los pueblos grandes es crecido, y esta clase de gentes no pudieron sentar sus reales en ninguna otra parte; necesitan el ruido y el movimiento, y viven, como el pobre del Evangelio, de las migajas que caen de la mesa del rico.[190] Para ellos hay una rara superabundancia de pequeños oficios, los cuales, no pudiendo sufragar por sus cortas ganancias a la manutención de una familia, son más bien 'pretextos de existencia' que verdaderos oficios; en una palabra, 'modos de vivir que no dan de vivir'; los que los profesan son, no obstante, como las últimas ruedas de una máquina, que sin tener a primera vista grande importancia, rotas o separadas del conjunto paralizan el movimiento.

Estos seres marchan siempre a la cola de las pequeñas necesidades de una gran población, y suelen desempeñar diferentes cargos, según el año, la estación, la hora del día. Esos mismos que en noviembre venden ruedos o zapatillas de orillo, en julio venden

190 A reference to the biblical parable of the rich man and Lazarus (Luke 16: 19–31).

horchata, en verano son bañeros del Manzanares, en invierno cafeteros ambulantes; los que venden agua en agosto, vendían en carnaval cartas y garbanzos de pega y en navidades motes nuevos para damas y galanes.

Uno de estos 'menudos oficios' ha recibido últimamente un golpe mortal con la sabia y filantrópica institución de San Bernardino,[191] y es gran dolor por cierto, pues que era la introducción a los demás, es decir, el oficio de examen, y el más fácil; quiero hablar de la candela. Una numerosa turba de muchachos, que podía en todo tiempo tranquilizar a cualquiera sobre el fin del mundo (cuyos padres es de suponer existiesen, en atención a lo difícil que es obtener hijos sin previos padres, pero no porque hubiese datos más positivos) se esparcían por las calles y paseos. Todas las primeras materias, todo el capital necesario para empezar su oficio se reducían a una mecha de trapos, de que llevaban siempre sobre sí mismos abundante provisión; a la luz de la filosofía, debían tener cierto valor; cuando el mundo es todo vanidad, cuando todos los hombres dan dinero por humo, ellos solos daban humo por dinero. Desgraciadamente, un nuevo Prometeo[192] les ha robado el fuego para comunicársele a sus hechuras, y este menudo oficio ha salido del gremio para entrar en el número de las profesiones conocidas, de las instituciones sentadas y reglamentadas.

Pero con respecto a los demás, dígasenos francamente si pueden subsistir con sus ganancias: aquel hombre negro y mal encarado, que con la balanza rota y la alforja vieja parece, según lo maltratado, la imagen de la justicia, y cuya profesión es dar *higos y pasas* por *hierro viejo*; el otro que, siempre detrás de su acémila, y tan inseparable de ella como alma y cuerpo, no vende nada, antes compra ... *palomina*; capitalista verdadero, coloca sus fondos y tiene que

---

191 The *Asilo de Mendicidad de San Bernardino*, established in 1834, was a charitable institution that provided shelter to the homeless in Madrid. The residents of the shelter would dress in uniform and provide some services to the public. One of these services would be to provide a light for smokers in the street, thus replacing the groups of boys mentioned in this paragraph who would sell fire (*candela*) (Pérez Vidal, *Fígaro*, p. 394, n. 2).
192 Prometheus, the mythological hero who stole fire from the gods, and a reference to the San Bernardino shelter.

revender después y ganar en su preciosa mercancía; ha de mantenerse él y su caballería, que al fin son dos, aunque parecen uno, y eso suponiendo que no tenga más familia; el que vende *alpiste* para *canarios*, la que pregona *pajuelas*, etc., etc.

Pero entre todos los modos de vivir, ¿qué me dice el lector de la trapera que con un cesto en el brazo y un instrumento en la mano recorre a la madrugada, y aún más comúnmente de noche, las calles de la capital? Es preciso observarla atentamente. La trapera marcha sola y silenciosa; su paso es incierto como el vuelo de la mariposa; semejante también a la abeja, vuela de flor en flor (permítaseme llamar así a los portales de Madrid, siquiera por figura retórica y en atención a que otros hacen peores figuras que las debieran hacer mejores). Vuela de flor en flor, como decía, sacando de cada parte sólo el jugo que necesita; repáresela de noche: indudablemente ve como las aves nocturnas; registra los más recónditos rincones, y donde pone el ojo pone el gancho, parecida en esto a muchas personas de más decente categoría que ella; su gancho es parte integrante de su persona; es, en realidad, su sexto dedo, y le sirve como la trompa al elefante; dotado de una sensibilidad y de un tacto exquisitos, palpa, desenvuelve, encuentra, y entonces, por un sentimiento simultáneo, por una relación simpática que existe entre la voluntad de la trapera y su gancho, el objeto útil, no bien es encontrado, ya está en el cesto. La trapera, por tanto, con otra educación sería un excelente periodista y un buen traductor de Scribe; [193] su clase de talento es la misma: buscar, husmear, hacer propio lo hallado; solamente mal aplicado: he ahí la diferencia.

En una noche de luna el aspecto de la trapera es imponente; alargar el gancho, hacerlo guadaña, y al verla entrar y salir en los portales alternativamente, parece que viene a llamar a todas las puertas, precursora de la parca. Bajo este aspecto hace en las calles de Madrid los oficios mismos que la calavera en la celda del religioso: invita a la meditación, a la contemplación de la muerte, de que es viva imagen.

193 See note 149.

Bajo otros puntos de vista se puede comparar a la trapera con la muerte; en ella vienen a nivelarse todas las jerarquías; en su cesto vienen a ser iguales, como en el sepulcro, Cervantes y Avellaneda;[194] allí, como en un cementerio, vienen a colocarse al lado los unos de los otros: los decretos de los reyes, las quejas del desdichado, los engaños del amor, los caprichos de la moda; allí se reúnen por única vez las poesías, releídas, de Quintana, y las ilegibles de A***; allí se codean Calderón y S***; allá van juntos Moratín y B***.[195] La trapera, como la muerte, *equo pulsat pede pauperum tabernas, regumque turres.*[196] Ambas echan tierra sobre el hombre oscuro, y nada pueden contra el ilustre; ¡de cuántos bandos ha hecho justicia la primera! ¡De cuántos banderos la segunda!

El cesto de la trapera, en fin, es la realización, única posible, de la fusión, que tales nos ha puesto. *El Boletín de Comercio* y *La Estrella*, *La Revista* y *La Abeja*, las metáforas de Martínez de la Rosa y las interpelaciones del conde de las Navas, todo se funde en uno dentro del cesto de la trapera.[197]

Así como el portador de la candela era siempre muchacho y nunca envejecía, así la trapera no es nunca joven: nace vieja; éstos son los dos oficios extremos de la vida, y como la Providencia, justa, destinó a la mortificación de todo bicho otro bicho en la naturaleza, como crió el sacre para daño de la paloma, la araña para tormento

---

194 Alonso Fernández de Avellaneda, the probably fictitious name under which an unauthorized sequel to *Don Quijote* was written, and which was mocked by Cervantes in Part II of *Don Quijote*.

195 Although they could be general references to no particular individual, according to Pérez Vidal, these could be allusions to the contemporary poets Juan Bautista Alonso or perhaps Juan Baustista Arriaza, the playwright Francisco Comella, and Manuel Bretón de los Herreros (*Fígaro*, pp. 395–6, nn. 4–6).

196 'Equally sets foot on the huts of the poor as on the palaces of kings', Horace, *Odes* (I, 4, vs 13–14).

197 Pérez Vidal reminds us that Martínez de la Rosa had advocated a *fusión de principios* among all the Liberal parties opposed to the Carlists (*Fígaro*, p. 396, n. 8). The chaotic amalgam of the several periodicals mentioned before, as well as the reference to the Conde de las Navas, a prominent *progresista*, together with Martínez de la Rosa, create a parallel between Martínez's ideal of Liberal union and the random contents of the rag-and-bone woman's sack.

de la mosca, la mosca para el caballo, la mujer para el hombre y el escribano para todo el mundo, así crió en sus altos juicios a la trapera para el perro. Estas dos especies se aborrecen, se persiguen, se ladran, se enganchan y se venden.

Ese ser, con todo, ha de vivir, y tiene grandes necesidades, si se considera la carrera ordinaria de su existencia anterior; la trapera, por lo regular (antes por supuesto de serlo), ha sido joven, y aun bonita; muchacha, freía buñuelos, y su hermosura la perdió. Fea, hubiera recorrido una carrera oscura, pero acaso holgada; hubiera recurrido al trabajo, y éste la hubiera sostenido. Por desdicha era bien parecida, y un chulo de la calle de Toledo se encargó en sus verdores de hacérselo creer; perdido el tino con la lisonja, abandonó la casa paterna (taberna muy bien acomodada), y pasó a naranjera.[198] El chulo no era eterno, pero una naranjera siempre es vista; un caballerete fue de parecer de que no eran naranjas lo que debía vender, y le compró una vez por todas todo el cesto; de allí a algún tiempo, queriendo desasirse de ella, la aconsejó que se ayudase, y reformada ya de trajes y costumbres, la recomendó eficazmente a una modista; nuestra heroína tuvo diez años felices de modistilla; el pañuelo de labor en la mano, el *fichú*[199] en la cabeza, y el galán detrás, recorrió las calles y un tercio de su vida; pero cansada del trabajo, pasó a ser prima de un procurador (de la curia),[200] que como pariente la alhajó un cuarto; poco después el procurador se cansó del parentesco, y le procuró una plaza de corista en el teatro; ésta fue la época de su apogeo y de su gloria; de señorito en señorito, de marqués en marqués, no se hablaba sino de la hermosa corista. Pero la voz pasa, y la hermosura con ella, y con la hermosura los galanes ricos; entonces empezó a bajar de nuevo la escalera hasta el último piso, hasta el piso bajo; luego mudó de barrios hasta el hospital; la vejez por fin vino a sorprenderla entre las privaciones y las enfer-

---

198 Larra here plays with the frequent association in literature between the character of the orange seller and prostitution, and therefore the innuendo with the gentleman who 'bought her whole basket'.
199 From the French *fichu*, a type of light headscarf.
200 A *procurador de curia* was a magistrate from the Crown prosecution service. The reference to the magistrate taking up a 'cousin' must be understood euphemistically, as a lover.

medades; el hambre le puso el gancho en la mano, y el cesto fue la barquilla de su naufragio. Bien dice Quintana: '¡Ay! ¡Infeliz de la que nace hermosa!'[201]

Llena, por consiguiente, de recuerdos de grandeza, la trapera necesita ahogarlos en algo, y por lo regular los ahoga en aguardiente. Esto complica extraordinariamente sus gastos. Desgraciadamente, aunque el mundo da tanto valor a los trapos, no es a los de la trapera. Sin embargo, ¡qué de veces lleva tesoros su cesto! ¡Pero tesoros impagables!

Ved aquel amante, que cuenta diez veces al día y otras tantas de la noche las piedras de la calle de su querida. Amelia es cruel con él: ni un favor, ni una distinción, alguna mirada de cuando en cuando ... algún ... nada. Pero ni una contestación de su letra a sus repetidas cartas, ni un rizo de su cabello que besar, ni un blanco cendal de batista que humedecer con sus lágrimas. El desdichado daría la vida por un harapo de su señora.

¡Ah!, ¡mundo de dolor y trastrueques! La trapera es más feliz. ¡Mírala entrar en el portal, mírala mover el polvo! El amante la maldice; durante su estancia no puede subir la escalera; por fin sale, y el imbécil entra, despreciándola al pasar. ¡Insensato! Esa que desprecia lleva en su banasta, cogidos a su misma vista, el pelo que le sobró a Amelia del peinado aquella mañana, una apuntación antigua de la ropa dada a la lavandera, toda de su letra (la cosa más tierna del mundo), y una gola de linón hecha pedazos ... ¡Una gola! Y acaso el borrador de algún billete escrito a otro amante.

Alcánzala, busca; el corazón te dirá cuáles son los afectos de tu amada. Nada. El amante sigue pidiendo a suspiros y gemidos las tiernas prendas, y la trapera sigue pobre su camino. Todo por no entenderse. ¡Cuántas veces pasa así nuestra felicidad a nuestro lado sin que nosotros la veamos!

Me he detenido, distinguiendo en mi descripción a la trapera entre todos los demás menudos oficios, porque realmente tiene una importancia que nadie le negará. Enlazada con el lujo y las apariencias mundanas por la parte del trapo, e íntimamente unida

201 From 'El panteón del Escorial', by the poet Manuel José Quintana (1772–1857).

con las letras y la imprenta por la del papel, era difícil no destinarle algunos párrafos más.

El oficio que rivaliza en importancia con el de la trapera es indudablemente el del *zapatero de viejo*.[202]

El zapatero de viejo hace su nido en los rincones de los portales; allí tiene una especie de gruta, una socavación subterránea, las más veces sin luz ni pavimento. Al rayar del alba fabrica en un abrir y cerrar de ojos su taller en un ángulo (si no es lunes); dos tablas unidas componen su recinto; una mala banqueta, una vasija de barro para la lumbre, indispensablemente rota, y otra más pequeña para el agua en que ablanda la suela son todo su *menaje*; el cajón de las lesnas[203] a un lado, su delantal de cuero, un calzón de pana y medias azules son sus signos distintivos. Antes de extender la tienda de campaña bebe un trago de aguardiente y cuelga con cuidado a la parte de afuera una tabla, y de ella pendiente una bota inutilizada; cualquiera al verla creería que quiere decir: 'Aquí se estropean botas'.

No puede establecerse en un portal sin previo permiso de los inquilinos, pero como regularmente es un infeliz cuya existencia depende de las gentes que conoce ya en el barrio, ¿quién ha de tener el corazón tan duro para negarse a sus importunidades? La señora del cuarto principal, compadecida, lo consiente; la del segundo, en vista de esa primera protección, no quiere chocar con la señora condesa; los demás inquilinos no son siquiera consultados. Así es que empiezan por aborrecer al zapatero, y desahogan su amor propio resentido en quejas contra las aristocráticas vecinas. Pero al cabo el encono pasa, sobre todo considerando que desde que se ha establecido allí el zapatero, a lo menos está el portal limpio.

Una vez admitido, se agarra a la casa como un alga a las rocas; es tan inherente a ella como un balcón o una puerta, pero se parece a la hiedra y a la mujer: abraza para destruir. Es la víbora abrigada en el pecho; es el ratón dentro del queso. Por ejemplo, canta y martillea y parece no hacer otra cosa. ¡Error! Observa la hora a que sale el amo, qué gente viene en su ausencia, si la señora sale periódi-

202 *Zapatero de viejo* is similar to *zapatero remendón*: a cobbler or shoemaker specializing in repairing old shoes.
203 Normally spelled *leznas* (the shoemaker's stitching awl).

camente, si va sola o acompañada, si la niña balconea, si se abre casualmente alguna ventanilla o alguna puerta con tiento cuando sube tal o cual caballero; ve quién ronda la calle, y desde su puesto conoce, al primer golpe de vista, por la inclinación del cuello y la distancia del *cuyo*, el piso en que está la intriga. Aunque viejo, dice chicoleos a toda criada que sale y entra, y se granjea por tanto su buena voluntad; la criada es al zapatero lo que el anteojo al corto de vista: por ella ve lo que no puede ver por sí, y reunido lo interior y exterior, suma y lo sabe todo. ¿Se quiere saber la causa de la tardanza de todo criado o criada que va a un recado? ¿Hay zapatero de viejo? No hay que preguntarla. ¿Tarda? Es que le está contando sus rarezas de usted, tirano de la casa, y lo que con usted sufre la señora, que es una malva la infeliz.

El zapatero sabe lo que se come en cada cuarto, y a qué hora. Ve salir al empleado en Rentas por la mañana, disfrazado con la capa vieja, que va a la plaza en persona, no porque no tenga criada, sino porque el sueldo da para estar servido, pero no para estar sisado. En fin, no se mueve una mosca en la manzana sin que el buen hombre la vea; es una red la que tiende sobre todo el vecindario, de la cual nadie escapa. Para darle más extensión, es siempre casado, y la mujer se encarga de otro menudo oficio; como casada no puede servir, es decir, de criada, pero sirve de lo que se llama *asistenta*; es conocida por tal en el barrio. ¿Se despidió una criada demasiado bruscamente y sin dar lugar al reemplazo? Se llama a la mujer del zapatero. ¿Hay un convite que necesita aumento de brazos en otra parte? ¿Hay que dar deprisa y corriendo ropa a lavar, a coser, a planchar, mil recados, en fin, extraordinarios? La mujer del zapatero, el zapatero.

Por la noche el marido y la mujer se reúnen y hacen fondo común de hablillas; ella da cuenta de lo que ha recogido su policía, y él sobre cualquier friolera le pega una paliza, y hasta el día siguiente. Esto necesita explicación: los artesanos en general no se embriagan más que el domingo y el lunes, algún día entre semana, las Pascuas, los días de santificar y por este estilo; el zapatero de viejo es el único que se embriaga todos los días; ésta es la clave de la paliza diaria; el vino que en otros se sube a la cabeza, en el zapatero de viejo se sube a las espaldas de la mujer; es decir, que se trasiega.

Este hermoso matrimonio tiene numerosos hijos que enredan en el portal, o sirven de pequeños nudos a la gran red pescadora.

Si tiene usted hija, mujer, hermana o acreedores, no viva usted en casa de zapatero de viejo. Usted al salir le dirá: *Observe usted quién entra y quién sale de mi casa*. A la vuelta ya sabe quién debe sólo decir que ha estado, o *habrá salido un momento fuera, y como no haya sido en aquel momento* ... Usted le da un par de reales por la fidelidad. Par de reales que sumados con la peseta que le ha dado el que no quiere que se diga que entró, forma la cantidad de seis reales. El zapatero es hombre de revolución, despreocupado, superior a las preocupaciones vulgares, y come tranquilamente a dos carrillos.

En otro cuarto es la niña la que produce: el galán no puede entrar en la casa y es preciso que alguien entregue las cartas; el zapatero es hombre de bien, y por tanto no hay inconveniente; el zapatero puede además franquear su cuarto, puede ... ¡qué sé yo qué puede el zapatero!

Por otra parte, los acreedores y los que persiguen a su mujer de usted, saben por su conducto si usted ha salido, si ha vuelto, si se niega o si está realmente en casa. ¡Qué multitud de atenciones no tiene sobre sí el zapatero! ¡Qué tino no es necesario en sus diálogos y respuestas! ¡Qué corazón tan firme para no aficionarse sino a los que más pagan!

Sin embargo, siempre que usted llega al puesto del zapatero, está ausente; pero de allí a poco sale de la taberna de enfrente, adonde ha ido un momento a echar un trago; semejante a la araña, tiende la tela en el portal y se retira a observar la presa al agujero.

Hay otro zapatero de viejo, ambulante, que hace su oficio de comprar desechos..., pero éste regularmente es un ladrón encubierto que se informa de ese modo de las entradas y salidas de las casas, de ..., en una palabra, no tiene comparación con nuestro zapatero.

Otra multitud de oficios menudos merecen aún una historia particular, que les haríamos si no temiésemos fastidiar a nuestros lectores. Ese enjambre de mozos y sirvientes que viven de las propinas, y en quienes consiste que ninguna cosa cueste realmente lo que cuesta, sino mucho más; la abaniquera de *abanicos de novia* en el verano, a cuarto la pieza; la mercadera de *torrados*

194

de la Ronda; el de los *tirantes y navajas*; el cartelero que vive de estampar mi nombre y el de mis amigos en la esquina; los comparsas del teatro, condenados eternamente a representar por dos reales, barbas, un pueblo numeroso entre seis o siete; el infinito *corbatines y almohadillas*, que está en todos los cafés a un mismo tiempo; siempre en aquel en que usted está, y vaya usted al que quiera; el barbero de la plazuela de la Cebada, que abre su asiento de tijera y del aire libre hace tienda; esa multitud de *corredores de usura* que viven de llevar a empeñar y desempeñar; esos músicos del anochecer, que el calendario en una mano y los reales nombramientos en otra, se van dando días y enhorabuenas a gentes que no conocen; esa muchedumbre de maestros de lenguas a 30 reales y retratistas a 70 reales; todos los habitantes y revendedores del rastro, las prenderas, los ... ¿no son todos menudos oficios? Esas 'casamenteras de voluntades', como las llama Quevedo ... pero no todo es del dominio del escritor, y desgraciadamente en punto a costumbres y menudos oficios acaso son los más picantes los que es forzoso callar; los hay odiosos, los hay despreciables, los hay asquerosos, los hay que ni adivinar se quisieran; pero en España ningún *oficio* reconozco *más menudo*, y sirva esto de conclusión, ningún *modo de vivir que dé menos de vivir* que el de escribir para el público y hacer versos para la gloria; más menudo todavía el público que el oficio, es todo lo más si para leerlo a usted le componen cien personas, y con respecto a la gloria, bueno es no contar con ella, por si ella no contase con nosotros.

Revista Mensajero, n.º 121, 29 de junio de 1835.
Firmado: Fígaro.

El día de difuntos de 1836.
Fígaro en el cementerio

En atención a que no tengo gran memoria, circunstancia que no deja de contribuir a esta especie de felicidad que dentro de mí mismo me he formado, no tengo muy presente en qué artículo escribí (en los tiempos en que yo escribía) que vivía en un perpetuo asombro de cuantas cosas a mi vista se presentaban.[204] Pudiera suceder también que no hubiera escrito tal cosa en ninguna parte, cuestión en verdad que dejaremos a un lado por harto poco importante en época en que nadie parece acordarse de lo que ha dicho ni de lo que otros han hecho. Pero suponiendo que así fuese, hoy, día de difuntos de 1836, declaro que si tal dije, es como si nada hubiera dicho, porque en la actualidad maldito si me asombro de cosa alguna. He visto tanto, tanto, tanto ... como dice alguien en *El Califa*.[205] Lo que sí me sucede es no comprender claramente todo lo que veo, y así es que al amanecer un día de difuntos no me asombra precisamente que haya tantas gentes que vivan; sucédeme, sí, que no lo comprendo.

En esta duda estaba deliciosamente entretenido el día de los Santos, y fundado en el antiguo refrán que dice: *Fíate en la Virgen y no corras*[206] (refrán cuyo origen no se concibe en un país tan eminentemente cristiano como el nuestro), encomendabame a todos ellos con tanta esperanza, que no tardó en cubrir mi frente una nube de melancolía; pero de aquellas melancolías de que sólo un liberal español en estas circunstancias puede formar una idea aproximada. Quiero dar una idea de esta melancolía; un hombre que cree en la

---

204 He is referring to 'La vida de Madrid'.
205 *Le Calife de Bagdad* (1800), a comic opera by François-Adrien Boieldieu (1775–1834) which was translated and represented in Spain in the 1830s as *El Califa de Bagdad*.
206 This proverb is used as a warning against trusting a false impression of safety.

amistad y llega a verla por dentro, un inexperto que se ha enamorado de una mujer, un heredero cuyo tío indiano muere de repente
sin testar, un tenedor de bonos de Cortes,[207] una viuda que tiene
asignada pensión sobre el tesoro español, un diputado elegido en
las penúltimas elecciones,[208] un militar que ha perdido una pierna
por el Estatuto,[209] y se ha quedado sin pierna y sin Estatuto, un
grande que fue liberal por ser prócer, y que se ha quedado sólo
liberal, un general constitucional que persigue a Gómez,[210] imagen
fiel del hombre corriendo siempre tras la felicidad sin encontrarla
en ninguna parte, un redactor del *Mundo*[211] en la cárcel en virtud
de la libertad de imprenta, un ministro de España y un rey, en fin,
constitucional, son todos seres alegres y bulliciosos, comparada
su melancolía con aquella que a mí me acosaba, me oprimía y me
abrumaba en el momento de que voy hablando.

Volvíame y me revolvía en un sillón de estos que parecen camas,
sepulcro de todas mis meditaciones, y ora me daba palmadas en la
frente, como si fuese mi mal de casado, ora sepultaba las manos en
mis faltriqueras, a guisa de buscar mi dinero, como si mis faltriqueras fueran el pueblo español y mis dedos otros tantos gobiernos, ora
alzaba la vista al cielo como si en calidad de liberal no me quedase
más esperanza que en él, ora la bajaba avergonzado como quien ve
un faccioso más, cuando un sonido lúgubre y monótono, semejante
al ruido de los partes, vino a sacudir mi entorpecida existencia.

–¡Día de Difuntos! –exclamé.

Y el bronce herido que anunciaba con lamentable clamor la
ausencia eterna de los que han sido, parecía vibrar más lúgubre que
ningún año, como si presagiase su propia muerte. Ellas también, las
campanas, han alcanzado su última hora, y sus tristes acentos son
el estertor del moribundo; ellas también van a morir a manos de la

207 Treasury bonds issued under the constitutional government.
208 The general elections held in 1836, where Larra was appointed as a deputy,
and the results of which were declared void in September of that year.
209 The *Estatuto Real* (see Introduction).
210 Miguel Gómez (1785–1864), a Carlist commander who, in 1836, led a
daring incursion into southern Spain while being pursued by the Liberal
army.
211 A moderate periodical published from 1836.

libertad, que todo lo vivifica,[212] y ellas serán las únicas en España
¡santo Dios!, que morirán colgadas. ¡Y hay justicia divina!

La melancolía llegó entonces a su término; por una reacción
natural cuando se ha agotado una situación, ocurrióme de pronto
que la melancolía es la cosa más alegre del mundo para los que la
ven, y la idea de servir yo entero de diversión ...

–¡Fuera –exclamé–, fuera! –como si estuviera viendo representar a un actor español–: ¡fuera! –como si oyese hablar a un orador
en las Cortes. Y arrojéme a la calle; pero en realidad con la misma
calma y despacio como si tratase de cortar la retirada a Gómez.

Dirigíanse las gentes por las calles en gran número y larga proce-
sión, serpenteando de unas en otras como largas culebras de infinitos colores: ¡al cementerio, al cementerio! ¡Y para eso salían de las
puertas de Madrid!

Vamos claros, dije yo para mí, ¿dónde está el cementerio? ¿Fuera
o dentro? Un vértigo espantoso se apoderó de mí, y comencé a ver
claro. El cementerio está dentro de Madrid. Madrid es el cementerio. Pero vasto cementerio donde cada casa es el nicho de una
familia, cada calle el sepulcro de un acontecimiento, cada corazón
la urna cineraria de una esperanza o de un deseo.

Entonces, y en tanto que los que creen vivir acudían a la mansión
que presumen de los muertos, yo comencé a pasear con toda la
devoción y recogimiento de que soy capaz las calles del grande
osario.

–¡Necios! –decía a los transeúntes–. ¿Os movéis para ver
muertos? ¿No tenéis espejos por ventura? ¿Ha acabado también
Gómez con el azogue de Madrid? ¡Miraos, insensatos, a vosotros
mismos, y en vuestra frente veréis vuestro propio epitafio! ¿Vais
a ver a vuestros padres y a vuestros abuelos, cuando vosotros sois
los muertos? Ellos viven, porque ellos tienen paz; ellos tienen
libertad, la única posible sobre la tierra, la que da la muerte; ellos
no pagan contribuciones que no tienen; ellos no serán alistados
ni movilizados; ellos no son presos ni denunciados; ellos, en fin,

---

212 The bells would have been destined to be sold as part of the disentailment
   process of the Liberal governments.

no gimen bajo la jurisdicción del celador del cuartel; ellos son los únicos que gozan de la libertad de imprenta, porque ellos hablan al mundo. Hablan en voz bien alta y que ningún jurado se atrevería a encausar y a condenar. Ellos, en fin, no reconocen más que una ley, la imperiosa ley de la Naturaleza que allí les puso, y ésa la obedecen.

–¿Qué monumento es éste? –exclamé al comenzar mi paseo por el vasto cementerio–. ¿Es él mismo un esqueleto inmenso de los siglos pasados o la tumba de otros esqueletos? '¡Palacio!' Por un lado mira a Madrid, es decir, a las demás tumbas; por otro mira a Extremadura, esa provincia virgen ... como se ha llamado hasta ahora. Al llegar aquí me acordé del verso de Quevedo: 'Y ni los v... ni los diablos veo'.[213] En el frontispicio decía: 'Aquí yace el trono; nació en el reinado de Isabel la Católica, murió en La Granja[214] de un aire colado'. En el basamento se veían cetro y corona y demás ornamentos de la dignidad real. 'La Legitimidad', figura colosal de mármol negro, lloraba encima. Los muchachos se habían divertido en tirarle piedras, y la figura maltratada llevaba sobre sí las muestras de la ingratitud.

¿Y este mausoleo a la izquierda? 'La armería.' Leamos: 'Aquí yace el valor castellano, con todos sus pertrechos'.

Los Ministerios: 'Aquí yace media España; murió de la otra media'.

Doña María de Aragón: 'Aquí yacen los tres años'.[215]

Y podía haberse añadido: aquí callan los tres años. Pero el cuerpo no estaba en el sarcófago; una nota al pie decía:

'El cuerpo del santo se trasladó a Cádiz en el año 23, y allí por descuido cayó al mar'.[216]

Y otra añadía, más moderna sin duda: 'Y resucitó al tercero día'.

Más allá: ¡Santo Dios!, 'Aquí yace la Inquisición, hija de la fe y

213 'Y ni los diablos ni los virgos veo', a verse from Quevedo's 'Riesgos del matrimonio en los ruines casados' (v. 237).
214 The rebellion of La Granja (see Introduction).
215 A reference to the 1820–23 *Trienio Liberal*. In 1820, the *Cortes* gathered at the *Colegio de doña Maria de Aragón*, which currently houses the Spanish Senate.
216 Cádiz became the last stronghold of the *Cortes* when, in 1823, the French troops invaded Spain to restore the absolute monarchy.

del fanatismo: murió de vejez'. Con todo, anduve buscando alguna nota de resurrección: o todavía no la habían puesto, o no se debía de poner nunca.

Alguno de los que se entretienen en poner letreros en las paredes había escrito, sin embargo, con yeso en una esquina, que no parecía sino que se estaba saliendo, aun antes de borrarse: 'Gobernación'.[217] ¡Qué insolentes son los que ponen letreros en las paredes! Ni los sepulcros respetan.

¿Qué es esto? ¡La cárcel! 'Aquí reposa la libertad del pensamiento.' ¡Dios mío, en España, en el país ya educado para instituciones libres! Con todo, me acordé de aquel célebre epitafio y añadí involuntariamente:

<ExtV>Aquí el pensamiento reposa,
en su vida hizo otra cosa.[218]

Dos redactores del *Mundo* eran las figuras lacrimatorias de esta grande urna. Se veían en el relieve una cadena, una mordaza y una pluma. Esta pluma, dije para mí, ¿es la de los escritores o la de los escribanos? En la cárcel todo puede ser.

'La calle de Postas', 'la calle de la Montera'. Éstos no son sepulcros. Son osarios, donde, mezclados y revueltos, duermen el comercio, la industria, la buena fe, el negocio.

Sombras venerables, ¡hasta el valle de Josafat![219]

Correos. '¡Aquí yace la subordinación militar!'[220]

Una figura de yeso, sobre el vasto sepulcro, ponía el dedo en la boca; en la otra mano una especie de jeroglífico hablaba por ella: una disciplina rota.

Puerta del Sol. La Puerta del Sol: ésta no es sepulcro sino de mentiras.

217 The *Ministerio de Gobernación* was the predecessor of the *Ministerio de Interior* or Home Office, dedicated to internal security. The recently created national police had been criticized by Larra as a modern version of the Inquisition, hence the graffiti superimposing 'Gobernación' to the 'grave' of the Holy Office.

218 An adaptation of the burlesque epitaph, 'Aquí Fray Diego reposa, / en la vida hizo otra cosa' by Pablo Jérica (1781–1841).

219 See note 113.

220 A reference to the military uprising by soldiers barricaded in the *Real Casa de Correos* in Madrid, in January 1835.

La Bolsa. 'Aquí yace el crédito español'. Semejante a las pirámides de Egipto, me pregunté, ¿es posible que se haya erigido este edificio sólo para enterrar en él una cosa tan pequeña?

La Imprenta Nacional. Al revés que la Puerta del Sol, éste es el sepulcro de la verdad. Única tumba de nuestro país donde a uso de Francia vienen los concurrentes a echar flores.

La Victoria. Ésa yace para nosotros en toda España. Allí no había epitafio, no había monumento. Un pequeño letrero que el más ciego podía leer decía sólo: '¡Este terreno le ha comprado a perpetuidad, para su sepultura, la junta de enajenación de conventos!'[221]

¡Mis carnes se estremecieron! ¡Lo que va de ayer a hoy! ¿Irá otro tanto de hoy a mañana?

Los teatros. 'Aquí reposan los ingenios españoles'. Ni una flor, ni un recuerdo, ni una inscripción.

'El Salón de Cortes'. Fue casa del Espíritu Santo;[222] pero ya el Espíritu Santo no baja al mundo en lenguas de fuego.

Aquí yace el Estatuto,
Vivió y murió en un minuto.

Sea por muchos años, añadí, que sí será: éste debió de ser raquítico, según lo poco que vivió.

'El Estamento de Próceres'.[223] Allá en el Retiro. Cosa singular. ¡Y no hay un Ministerio que dirija las cosas del mundo, no hay una inteligencia previsora, inexplicable! Los próceres y su sepulcro en el Retiro.

El sabio en su retiro y villano en su rincón.[224]

Pero ya anochecía, y también era hora de retiro para mí. Tendí una última ojeada sobre el vasto cementerio. Olía a muerte próxima. Los perros ladraban con aquel aullido prolongado, intérprete de su instinto agorero; el gran coloso, la inmensa capital, toda

---

221 A play on words: the *Junta para la Enajenación de Conventos*, part of the Liberal campaign for disentailment, was based at the *Plaza de la Victoria*.

222 Under the *Estatuto Real* the lower chamber of the national congress gathered at the *Iglesia de Clérigos Menores del Espíritu Santo*.

223 The *Estamento de Próceres* was the upper house of Parliament during the time of the *Estatuto Real*.

224 A reference to *El Villano en su rincón*, by Lope de Vega (1562–1632).

ella se removía como un moribundo que tantea la ropa; entonces no vi más que un gran sepulcro: una inmensa lápida se disponía a cubrirle como una ancha tumba.

No había 'aquí yace' todavía; el escultor no quería mentir; pero los nombres del difunto saltaban a la vista ya distintamente delineados.

'¡Fuera –exclamé– la horrible pesadilla, fuera! ¡Libertad! ¡Constitución! ¡Tres veces! ¡Opinión nacional! ¡Emigración! ¡Vergüenza! ¡Discordia!' Todas estas palabras parecían repetirme a un tiempo los últimos ecos del clamor general de las campanas del día de Difuntos de 1836.

Una nube sombría lo envolvió todo. Era la noche. El frío de la noche helaba mis venas. Quise salir violentamente del horrible cementerio. Quise refugiarme en mi propio corazón, lleno no ha mucho de vida, de ilusiones, de deseos.

¡Santo cielo! También otro cementerio. Mi corazón no es más que otro sepulcro. ¿Qué dice? Leamos. ¿Quién ha muerto en él? ¡Espantoso letrero! '¡Aquí yace la esperanza!!!!'

¡Silencio, silencio!!!

El Español, n.º 368, 2 de noviembre de 1836.

La nochebuena de 1836. Yo y mi criado. Delirio filosófico

El número 24 me es fatal: si tuviera que probarlo diría que en día 24 nací. Doce veces al año amanece sin embargo un día 24,[225] soy supersticioso, porque el corazón del hombre necesita creer algo, y cree mentiras cuando no encuentra verdades que creer; sin duda por esa razón creen los amantes, los casados y los pueblos a sus ídolos, a sus consortes y a sus Gobiernos, y una de mis supersticiones consiste en creer que no puede haber para mí un día 24 bueno. El día 23 es siempre en mi calendario víspera de desgracia, y a imitación de aquel jefe de policía ruso que mandaba tener prontas las bombas las vísperas de incendios, así yo desde el 23 me prevengo para el siguiente día de sufrimiento y resignación, y, en dando las doce, ni tomo vaso en mi mano por no romperle, ni apunto carta por no perderla, ni enamoro a mujer porque no me diga que sí, pues en punto a amores tengo otra superstición: imagino que la mayor desgracia que a un hombre le puede suceder es que una mujer le diga que le quiere. Si no la cree es un tormento, y si la cree ... ¡Bienaventurado aquel a quien la mujer dice 'no quiero', porque ése a lo menos oye la verdad!

El último día 23 del año 1836 acababa de expirar en la muestra de mi péndola, y consecuente en mis principios supersticiosos, ya estaba yo agachado esperando el aguacero y sin poder conciliar el sueño. Así pasé las horas de la noche, más largas para el triste desvelado que una guerra civil; hasta que por fin la mañana vino con paso de intervención,[226] es decir, lentísimamente, a teñir de púrpura y rosa las cortinas de mi estancia.

225 Larra was born on 24 March 1809.
226 Pérez Vidal notes that Larra is creating a parallelism with the expected 'intervention' of the European constitutional monarchies in support of the government during the Carlist War (Pérez Vidal, *Fígaro*, p. 604, n. 3).

El día anterior había sido hermoso, y no sé por qué me daba el corazón que el día 24 había de ser 'día de agua'. Fue peor todavía: amaneció nevando. Miré el termómetro y marcaba muchos grados bajo cero; como el crédito del Estado.

Resuelto a no moverme porque tuviera que hacerlo todo la suerte este mes, incliné la frente, cargada como el cielo de nubes frías, apoyé los codos en mi mesa y paré tal que cualquiera me hubiera reconocido por escritor público en tiempo de libertad de imprenta, o me hubiera tenido por miliciano nacional citado para un ejercicio. Ora vagaba mi vista sobre la multitud de artículos y folletos que yacen empezados y no acabados ha más de seis meses sobre mi mesa, y de que sólo existen los títulos, como esos nichos preparados en los cementerios que no aguardan más que el cadáver; comparación exacta, porque en cada artículo entierro una esperanza o una ilusión. Ora volvía los ojos a los cristales de mi balcón; veíalos empañados y como llorosos por dentro; los vapores condensados se deslizaban a manera de lágrimas a lo largo del diáfano cristal; así se empaña la vida, pensaba; así el frío exterior del mundo condensa las penas en el interior del hombre, así caen gota a gota las lágrimas sobre el corazón. Los que ven de fuera los cristales los ven tersos y brillantes; los que ven sólo los rostros los ven alegres y serenos ...

Haré merced a mis lectores de las más de mis meditaciones; no hay periódicos bastantes en Madrid, acaso no hay lectores bastantes tampoco. ¡Dichoso el que tiene oficina! ¡Dichoso el empleado aun sin sueldo o sin cobrarlo, que es lo mismo! Al menos no está obligado a pensar, puede fumar, puede leer la *Gaceta*.

–¡Las cuatro! ¡La comida! –me dijo una voz de criado, una voz de entonación servil y sumisa; en el hombre que sirve hasta la voz parece pedir permiso para sonar.

Esta palabra me sacó de mi estupor, e involuntariamente iba a exclamar como don Quijote: 'Come, Sancho hijo, come, tú que no eres caballero andante y que naciste para comer';[227] porque al fin

---

227 'Come, Sancho amigo, dijo Don Quijote; sustenta la vida que más que a mí te importa, y déjame morir a mí a manos de mis pensamientos y a fuerza de mis desgracias. Yo, Sancho, nací para vivir muriendo, y tú para morir comiendo ...'

los filósofos, es decir, los desgraciados, podemos no comer, pero ¡los criados de los filósofos! Una idea más luminosa me ocurrió: era día de Navidad. Me acordé de que en sus famosas saturnales los romanos trocaban los papeles y que los esclavos podían decir la verdad a sus amos.[228] Costumbre humilde, digna del cristianismo. Miré a mi criado y dije para mí: 'Esta noche me dirás la verdad'. Saqué de mi gaveta unas monedas; tenían el busto de los monarcas de España: cualquiera diría que son retratos; sin embargo, eran artículos de periódico. Las miré con orgullo:

–Come y bebe de mis artículos –añadí con desprecio–; sólo en esa forma, sólo por medio de esa estratagema se pueden meter los artículos en el cuerpo de ciertas gentes.

Una risa estúpida se dibujó en la fisonomía de aquel ser que los naturalistas han tenido la bondad de llamar racional sólo porque lo han visto hombre. Mi criado se rió. Era aquella risa el demonio de la gula que reconocía su campo.

Tercié la capa, calé el sombrero y en la calle.

¿Qué es un aniversario? Acaso un error de fecha. Si no se hubiera compartido el año en trescientos sesenta y cinco días, ¿qué sería de nuestro aniversario? Pero al pueblo le han dicho: 'Hoy es un aniversario', y el pueblo ha respondido: 'Pues si es un aniversario, comamos, y comamos doble'. ¿Por qué come hoy más que ayer? O ayer pasó hambre u hoy pasará indigestión. Miserable humanidad, destinada siempre a quedarse más acá o ir más allá.

Hace mil ochocientos treinta y seis años nació el Redentor del mundo; nació el que no reconoce principio y el que no reconoce fin; nació para morir. ¡Sublime misterio!

¿Hay misterio que celebrar? 'Pues comamos', dice el hombre; no dice: 'Reflexionemos'. El vientre es el encargado de cumplir con las grandes solemnidades. El hombre tiene que recurrir a la materia para pagar las deudas del espíritu. ¡Argumento terrible en favor del alma!

(*Don Quijote*, II, 59).

228 The Roman festival of Saturnalia was held in honour of Saturn on 17 December. During the celebration, Roman social laws were inverted: gambling was allowed, masters would serve slaves, etc.

Para ir desde mi casa al teatro es preciso pasar por la plaza tan indispensablemente como es preciso pasar por el dolor para ir desde la cuna al sepulcro. Montones de comestibles acumulados, risa y algazara, compra y venta, sobras por todas partes y alegría. No pudo menos de ocurrirme la idea de Bilbao:[229] figuróseme ver de pronto que se alzaba por entre las montañas de víveres una frente altísima y extenuada; una mano seca y roída llevaba a una boca cárdena, y negra de morder cartuchos, un manojo de laurel sangriento. Y aquella boca no hablaba. Pero el rostro entero se dirigía a los bulliciosos liberales de Madrid, que traficaban. Era horrible el contraste de la fisonomía escuálida y de los rostros alegres. Era la reconvención y la culpa, aquélla agria y severa, ésta indiferente y descarada.

Todos aquellos víveres han sido aquí traídos de distintas provincias para la colación cristiana de una capital. En una cena de ayuno se come una ciudad a las demás.

¡Las cinco! Hora del teatro: el telón se levanta a la vista de un pueblo palpitante y bullicioso. Dos comedias de circunstancias, o yo estoy loco. Una representación en que los hombres son mujeres y las mujeres hombres. He aquí nuestra época y nuestras costumbres. Los hombres ya no saben sino hablar como las mujeres, en congresos y en corrillos. Y las mujeres son hombres, ellas son las únicas que conquistan. Segunda comedia: un novio que no ve el logro de su esperanza; ese novio es el pueblo español: no se casa con un solo Gobierno con quien no tenga que reñir al día siguiente. Es el matrimonio repetido al infinito.[230]

Pero las orgías llaman a los ciudadanos. Ciérranse las puertas, ábrense las cocinas. Dos horas, tres horas, y yo rondo de calle en calle a merced de mis pensamientos. La luz que ilumina los banquetes viene a herir mis ojos por las rendijas de los balcones; el ruido de los panderos y de la bacanal que estremece los pisos y las vidrieras se abre paso hasta mis sentidos y entra en ellos como cuña a mano, rompiendo y desbaratando.

229 Bibao had been under siege for months by the Carlist troops.
230 Pérez Vidal identifies these two plays as *Las colegialas son colegiales* and, possibly, *Los primeros amores*.

Las doce van a dar: las campanas que ha dejado la junta de enajenación en el aire,[231] y que en estar en el aire se parecen a todas nuestras cosas, citan a los cristianos al oficio divino. ¿Qué es esto? ¿Va a expirar el 24 y no me ha ocurrido en él más contratiempo que mi mal humor de todos los días? Pero mi criado me espera en mi casa como espera la cuba al catador, llena de vino; mis artículos hechos moneda, mi moneda hecha mosto se ha apoderado del imbécil como imaginé, y el asturiano ya no es hombre; es todo verdad.

Mi criado tiene de mesa lo cuadrado y el estar en talla al alcance de la mano. Por tanto es un mueble cómodo; su color es el que indica la ausencia completa de aquello con que se piensa, es decir, que es bueno; las manos se confundirían con los pies, si no fuera por los zapatos y porque anda casualmente sobre los últimos; a imitación de la mayor parte de los hombres, tiene orejas que están a uno y otro lado de la cabeza como los floreros en una *consola*, de adorno, o como los balcones figurados, por donde no entra ni sale nada; también tiene dos ojos en la cara; él cree ver con ellos, ¡qué chasco se lleva! A pesar de esta pintura, todavía sería difícil reconocerle entre la multitud, porque al fin no es sino un ejemplar de la grande edición hecha por la Providencia de la humanidad, y que yo comparo de buena gana con las que suelen hacer los autores: algunos ejemplares de regalo finos y bien empastados; el surtido todo igual, ordinario y a la rústica.[232]

Mi criado pertenece al surtido. Pero la Providencia, que se vale para humillar a los soberbios de los instrumentos más humildes, me reservaba en él mi mal rato del día 24. La verdad me esperaba en él y era preciso oírla de sus labios impuros. La verdad es como el agua filtrada, que no llega a los labios sino al través del cieno. Me abrió mi criado, y no tardé en reconocer su estado.

–Aparta, imbécil –exclamé empujando suavemente aquel cuerpo sin alma que en uno de sus columpios se venía sobre mí–. ¡Oiga! Está ebrio. ¡Pobre muchacho! ¡Da lástima!

231 The *junta* in charge of the disentailment of church property.
232 *Alla rustica*: a plain, sturdy type of paper binding.

Me entré de rondón a mi estancia; pero el cuerpo me siguió con un rumor sordo e interrumpido; una vez dentro los dos, su aliento desigual y sus movimientos violentos apagaron la luz; una bocanada de aire colada por la puerta al abrirme cerró la de mi habitación, y quedamos dentro casi a oscuras yo y mi criado, es decir, la verdad y Fígaro, aquélla en figura de hombre beodo arrimada a los pies de mi cama para no vacilar y yo a su cabecera, buscando inútilmente un fósforo que nos iluminase.

Dos ojos brillaban como dos llamas fatídicas en frente de mí; no sé por qué misterio mi criado encontró entonces, y de repente, voz y palabras, y habló y raciocinó; misterios más raros se han visto acreditados; los fabulistas hacen hablar a los animales, ¿por qué no he de hacer yo hablar a mi criado? Oradores conozco yo de quienes hace algún tiempo no hubiera hecho una pintura más favorable que de mi astur y que han roto sin embargo a hablar, y los oye el mundo y los escucha, y nadie se admira.

En fin, yo cuento un hecho; tal me ha pasado; yo no escribo para los que dudan de mi veracidad; el que no quiera creerme puede doblar la hoja, eso se ahorrará tal vez de fastidio; pero una voz salió de mi criado, y entre ella y la mía se estableció el siguiente diálogo:

–Lástima –dijo la voz, repitiendo mi piadosa exclamación–. ¿Y por qué me has de tener lástima, escritor? Yo a ti, ya lo entiendo.

–¿Tú a mí? –pregunté sobrecogido ya por un terror supersticioso; y es que la voz empezaba a decir verdad.

–Escucha: tú vienes triste como de costumbre; yo estoy más alegre que suelo. ¿Por qué ese color pálido, ese rostro deshecho, esas hondas y verdes ojeras que ilumino con mi luz al abrirte todas las noches? ¿Por qué esa distracción constante y esas palabras vagas e interrumpidas de que sorprendo todos los días fragmentos errantes sobre tus labios? ¿Por qué te vuelves y te revuelves en tu mullido lecho como un criminal, acostado con su remordimiento, en tanto que yo ronco sobre mi tosca tarima? ¿Quién debe tener lástima a quién? No pareces criminal; la justicia no te prende al menos; verdad es que la justicia no prende sino a los pequeños criminales, a los que roban con ganzúas o a los que matan con puñal; pero a los que arrebatan el sosiego de una familia seduciendo a la mujer casada o a la hija honesta, a los que roban con los naipes en la mano, a los que matan una existencia con una palabra dicha al oído, con una carta cerrada, a esos ni los llama la sociedad criminales, ni la justicia los prende, porque la víctima no arroja sangre, ni manifiesta herida, sino agoniza lentamente consumida por el veneno de la pasión que su verdugo le ha propinado. ¡Qué de tísicos han muerto asesinados por una infiel, por un ingrato, por un calumniador! Los entierran; dicen que la cura no ha alcanzado y que los médicos no la entendieron. Pero la puñalada hipócrita alcanzó e hirió el corazón. Tú acaso eres de esos criminales y hay un acusador dentro de ti, y ese frac elegante y esa media de seda, y ese chaleco de tisú de oro que yo te he visto son tus armas maldecidas.

–Silencio, hombre borracho.

–No; has de oír al vino una vez que habla. Acaso ese oro que a fuer de elegante has ganado en tu sarao y que vuelcas con indiferencia sobre tu tocador es el precio del honor de una familia. Acaso ese billete que desdoblas es un anónimo embustero que va a separar de ti para siempre la mujer que adorabas; acaso es una prueba de la ingratitud de ella o de su perfidia. Más de uno te he visto morder y despedazar con tus uñas y tus dientes en los momentos en que el buen tono cede el paso a la pasión y a la sociedad.

'Tú buscas la felicidad en el corazón humano, y para eso le destrozas, hozando en él, como quien remueve la tierra en busca de un tesoro. Yo nada busco, y el desengaño no me espera a la vuelta de la esperanza. Tú eres literato y escritor, y ¡qué tormentos no te hace pasar tu amor propio, ajado diariamente por la indiferencia de unos, por la envidia de otros, por el rencor de muchos! Preciado de gracioso, harías reír a costa de un amigo, si amigos hubiera, y no quieres tener remordimiento. Hombre de partido, haces la guerra a otro partido; a cada vencimiento es una humillación, o compras la victoria demasiado cara para gozar de ella. Ofendes y no quieres tener enemigos. ¿A mí quién me calumnia? ¿Quién me conoce? Tú me pagas un salario bastante a cubrir mis necesidades; a ti te paga el mundo como paga a los demás que le sirven. Te llamas liberal y despreocupado, y el día que te apoderes del látigo azotarás como te han azotado. Los hombres de mundo os llamáis hombres de honor y de carácter, y a cada suceso nuevo cambiáis de opinión, apostatáis de vuestros principios. Despedazado siempre por la sed de gloria, inconsecuencia rara, despreciarás acaso a aquellos para quienes escribes y reclamas con el incensario en la mano su adulación; adulas a tus lectores para ser de ellos adulado; y eres también despedazado por el temor, y no sabes si mañana irás a coger tus laureles a las Baleares[233] o a un calabozo.

–¡Basta, basta!

–Concluyo; yo en fin no tengo necesidades; tú, a pesar de tus riquezas, acaso tendrás que someterte mañana a un usurero para un capricho innecesario, porque vosotros tragáis oro, o para un banquete de vanidad en que cada bocado es un tósigo. Tú lees día y noche buscando la verdad en los libros hoja por hoja, y sufres de no encontrarla ni escrita. Ente ridículo, bailas sin alegría; tu movimiento turbulento es el movimiento de la llama, que, sin gozar ella, quema. Cuando yo necesito de mujeres echo mano de mi salario y las encuentro, fieles por más de un cuarto de hora; tú echas mano de tu corazón, y vas y lo arrojas a los pies de la primera que pasa, y no quieres que lo pise y lo lastime, y le entregas ese depósito sin conocerla. Confías tu tesoro a cualquiera por su linda cara, y crees porque quieres; y si mañana tu tesoro desaparece, llamas ladrón al depositario, debiendo llamarte imprudente y necio a ti mismo.

–Por piedad, déjame, voz del infierno.

–Concluyo: inventas palabras y haces de ellas sentimientos, ciencias, artes, objetos de existencia. ¡Política, gloria, saber, poder, riqueza, amistad, amor! Y cuando descubres que son palabras, blasfemas y maldices. En tanto el pobre asturiano come, bebe y duerme, y nadie le engaña, y, si no es feliz, no es desgraciado, no es al menos hombre de mundo, ni ambicioso ni elegante, ni literato ni enamorado. Ten lástima ahora del pobre asturiano. Tú me mandas, pero no te mandas a ti mismo. Tenme lástima, literato. Yo estoy ebrio de vino, es verdad; ¡pero tú lo estás de deseos y de impotencia ...!

---

233 The Balearic Islands, as well as the even more remote Canaries, were the usual destination of political prisoners.

Un ronco sonido terminó el diálogo; el cuerpo, cansado del esfuerzo, había caído al suelo; el órgano de la Providencia había callado, y el asturiano roncaba. '¡Ahora te conozco –exclamé– día 24!'

Una lágrima preñada de horror y de desesperación surcaba mi mejilla, ajada ya por el dolor. A la mañana, amo y criado yacían, aquél en el lecho, éste en el suelo. El primero tenía todavía abiertos los ojos y los clavaba con delirio y con delicia en una caja amarilla donde se leía 'mañana'. ¿Llegará ese 'mañana' fatídico? ¿Qué encerraba la caja? En tanto, la *noche buena* era pasada, y el mundo todo, a mis barbas, cuando hablaba de ella, la seguía llamando *noche buena*.

El Redactor General, n.º 42, 26 de diciembre de 1836.

Appendix: Timeline of political events and the life of Mariano José de Larra

1792   Charles IV makes Manuel Godoy Prime Minister.

1793–95 After the execution of Luis XVI, Spain declares war against Revolutionary France (Guerra de la Convención).

1796   Spanish defeat and Franco-Spanish alliance under the Treaty of St Ildelfonso.

1799   Napoleon proclaims himself First Consul of France.

1805   Battle of Trafalgar. Defeat of the combined French and Spanish navy.

1807   Treaty of Fontainebleau, which granted France military access through Spain in order to invade Portugal.

1808   Mutiny of Aranjuez (Charles IV abdicates in favour of his son Ferdinand). Napoleonic occupation and flight of the royal family. Reign of Joseph Bonaparte (José I) and popular uprising in Madrid. Beginning of the War of Independence against Napoleon and British intervention (Peninsular War).

1809   Larra is born in Madrid, which at the time is occupied by Napoleonic forces.

1810   A Spanish National Assembly (Cortes de Cádiz) replaces the Junta Central as the holders of legitimacy and political power in the absence of King Ferdinand.

1811   The Cortes proclaims freedom of the press (with the exception of religious matters).

1812   The Cortes issues the 1812 Constitution.

1813   Napoleonic defeat at Leipzig. In Spain, Joseph Bonaparte abandons Madrid, threatened by the advance of the Anglo-Spanish forces. Larra's family flees Madrid

	alongside the Napoleonic army. Once in France, Larra goes to school in Bordeaux and Paris.
1814	Return of Ferdinand VII to Spain. Withdrawal of the Constitution and political persecution against the Liberals.
1818	Larra's family return to Spain.
1820	Liberal uprising of Riego. The king swears the Constitution.
1823	European intervention in Spain restores Absolutism. Political persecution against the Liberals and exile in France and Britain.
1826	Larra writes his first poems. He applies as a volunteer for the *Voluntarios Realistas*, an ultra-absolutist military corps.
1828	Larra publishes his first newspaper: *El Duende Satírico del Día*.
1829	Larra marries Pepita Wetoret.
1830	Larra meets Dolores Armijo.
1831	Larra writes his first play: *No más mostrador*.
1832–33	Larra publishes *El Pobrecito Hablador*.
1833	Death of Ferdinand VII and Regency of María Cristina de Borbón. First Carlist uprisings and start of the Carlist War. Larra writes for the *Revista Española* and *Correo de las Damas*.
1834	Martínez de la Rosa replaces Cea Bermúdez as Prime Minister. Moderate Liberal reforms and proclamation of the *Estatuto Real*, which privileged royal power over popular sovereignty. Larra, who initially supports Martínez de la Rosa, produces some of his most important literary works: the drama *Macías* and the historical novel *El doncel de Don Enrique el Doliente*. He starts writing for *El Observador* and bids farewell to the *Revista Española*. Domestic crisis: affair with Dolores and separation from his wife.
1835	Progressive turn in politics with the government of Toreno and the proclamation of the banker Mendizábal

as minister, who would replace Toreno in government in the summer. Larra travels around Europe.

1836 Disentailment of church property and enactment of progressive policies. In May, the Regent María Cristina replaces Mendizábal with the moderate Istúriz. However, a military coup later that year (the Mutiny of La Granja) forces the Regent to restore the 1812 Constitution. Larra, who had originally supported Mendizábal, sides with the moderates and is elected as deputy for the *moderados*, but he is soon deposed due to the La Granja mutiny. He writes his articles for *El Español*.

1837 Government of Calatrava and Constitution of 1837. Breakdown of relations with Dolores Armijo. Larra commits suicide in February.

1837–40 Fall of Calatrava and *moderado* government.

1840 Progressive military coup of General Espartero.

1843 Isabel de Borbón comes of age and is proclaimed queen (Isabella II).

Temas de discusión

1. ¿Cómo retrata Larra los cambios que estaba experimentando la ciudad de Madrid?
2. Si comparamos 'El casarse pronto y mal' con 'Vuelva usted mañana', ¿qué ideas se desprenden acerca de la relación entre España y sus vecinos europeos?
3. ¿Cómo promueve Larra la participación activa del lector en el proceso de lectura?
4. ¿Qué sentido tienen los pseudónimos utilizados por Larra? ¿Qué esconden y qué muestran estas máscaras literarias?
5. ¿Qué concepto de libertad tiene Larra, y cómo se manifiesta en sus artículos?
6. ¿Cómo entiende Larra el concepto de 'sociedad'?
7. ¿Cuál es la importancia de las costumbres en la obra de Larra, qué implica el concepto?
8. ¿Podemos decir que Larra es un 'intelectual' en su relación con el público?
9. ¿Qué estereotipos cultiva Larra en sus artículos, y cuáles son sus bases ideológicas?
10. Compara los artículos de Larra de observación urbana con manifestaciones similares en otras literaturas. Por ejemplo, los retratos de *Sketches by Boz*, de Charles Dickens.
11. En 'Nochebuena de 1836', ¿Qué implica la última acusación del criado ('inventas palabras y haces de ellas sentimientos, ciencias, artes, objetos de existencia.')?
12. La ideología política de Larra evolucionó a lo largo de su vida y no es fácilmente clasificable en un extremo ideológico determinado. ¿Cuáles son las ideas políticas clave que se desprenden de sus artículos?

13. ¿Cuáles son las características del estereotipo del 'castellano viejo'? ¿Se te ocurre un equivalente moderno?
14. Explica el significado de 'calavera' tal y como lo entiende Larra.
15. Cómo presenta Larra a las mujeres de su época en los artículos que has estudiado?
16. ¿Cuáles son los rasgos con lo que los intelectuales de la llamada generación de 1898 dibujaron el mito de Larra? ¿Existe una posición unívoca entre los intelectuales de fin de siglo con respecto a Larra (compara, por ejemplo, Azorín y Unamuno)?
17. ¿Cómo prosigue la mitologización de Larra a finales del siglo veinte, en autores como Buero Vallejo, Goytisolo, Francisco Nieva o Francisco Umbral?
18. ¿Cómo ha evolucionado el papel del periodista desde la época de Larra hasta hoy?
19. ¿Hasta qué punto podemos decir que Larra presenta el proceso de modernización política, cultural y económica de España como un fracaso?

Selected vocabulary

This is a selection of some difficult words, whose meanings are given according to the context in which they appear.

a porfía, obstinately
abonado, to be subscribed or to hold a season ticket for
aborrecer, to loathe
acarrear, to cause; to lead to
acatar, to comply; to respect
acaudillar, to lead
acémila, mule
achaque, excuse
acomodadicio, adaptable; malleable
acreedor, debtor
acullá, over there, yonder
adlátere, companion.
aficionarse, to become interested
afilar, to sharpen
afligir, to afflict; to suffer from
agasajo, gift; welcome; warm reception
agorero, ominous
agrado, kindness, generosity
aguador, water seller
ahorcarse, to hang oneself
ahumado/a, smoked

ajado, haggard, faded
ajado/a, worn; haggard
albedrio, free will
albergar, to host
alborotar, to disrupt; to agitate
alborozado, jubilant, overjoyed
alegato, legal plea
alforja, saddlebag
algazara, din; uproar
alhaja, jewel
alhajar, to furnish, to appoint
alpiste, bird feed
alquilón, for hire (in the descriptive sense)
altanero/a, arrogant
altanero/a, haughty, arrogant
amasijo, jumble
amortiguado/a, cushion; buffered
anegado/a, flooded
apego, adherence; attachment
apiñarse, to crowd in
apresurarse, to rush

217

araña, spider; chandelier
arcabús, blunderbuss
arreglado/a, tidy; organized
arrojado, brave
arrostrar, to face; to face up to
arrullo, lullaby; murmur
aseo, cleanliness
asestar, to aim
atribulado, distressed; anguished
aturdido/a, stunnned
avaro/a, miserly
azar, fate; mishap
azogue, quicksilver

baba, spittle, drool
baca, carriage compartment
bagatela, trifle, trinket
bajeza, vile deed; base act
balconear, to observe from a balcony
banasta, large basket
bandero, someone who is aligned to a specific side or faction
bando, proclamation
bañero/a, lifeguard
barbas, a mis barbas, in my face, in my presence
barriguera, girth
baza, trick; *meter baza*, to butt in
bellota, acorn
beodo, drunk
birlocho, a light, open-roofed carriage

bisoñé, toupée
bizco, cross-eyed
blasón, coat of arms
bledo / dar o importar un bledo, to not care
boato, ostentation
bobalicón/a, simple, naïve
bocanada, gust
boga (en), in vogue; in fashion
bombas, water pumps for extinguishing fires
bombé, a two-wheeled horse-drawn cart
bosquejo, sketch
bota, wineskin
botica, an apothecary or pharmacy
botillería, a shop where drinks could be purchased and consumed
bracero, man who offers his arm for someone else to lean on
bribón, rascal, rogue
bufido, snort
bullicioso/a, bustling, boisterous
bullir, to boil

caballeresco, knightly
cabriolé, cabriolet, a horse-drawn cab
cachetes, slap
cajetillla, cigarette packet
calavera, rake; playboy

calesero, the driver of a *calesa* or calash, a small horse-drawn passenger carriage

camorra, fight; trouble

campanudo/a, pompous; bombastic

candela, fire; light

capote de barragán, cloak made of *barragán* (a type of wool cloth)

capote, cloak

carcajada, loud laugh; guffaw

cárdeno/a, purple/violet

careta, mask

cartoncito, a note

casaca, dress coat

castañuela, castanets

caudal, fortune; wealth

ceder, to relinquish; to give up

cédula, document

ceguedad, blindness

cendal de batista, a fine, delicate cloth

cenefa, trimming, edging

cerbatana, blowpipe

chal, shawl

chalanes, shady dealer or businessman, shark

chancear, to joke around; to jest

chanclos, overshoe

chapeo, hat

charretera, epaulette or military shoulder pad

chasqueado/a, disappointed

chicoleo, compliment

chinchilla, chinchilla fur

chirlo, scar

chispa, spark

chocarrerías, vulgarities

chulo, pimp, but also used more generally to denote a particular urban working-class stereotype from Madrid, similar to *majo*

cicerone, guide

cimientos, basis; foundations

coche de colleras, cart drawn by horses fitted with *colleras* (horse collars)

cocido, traditional Spanish hotpot

colación, light meal; collation

comedias de figurón, comic theatrical subgenre

comezón, itch; itch for something

comodín, joker in a game of cards and, by extension, an excuse for something

comparsas, extra in a play

compuesto/a, fixed; repaired

concurrencia, audience

concurso, crowd

confitero, confectioner

contiguo, adjacent, adjacent room

convite, invitation; banquet

coquetear, to flirt

corazonada, hunch

cordobán, cordovan (a type of soft leather)

corona, crown; flower wreath

corredor, broker

corrida, bullfight; dash

corrido/a, worldly-wise; sharp

coyuntura, situation; circumstances

cuartos, an old copper coin, similar to four *maravedís*

cucurucho, cone

cuerdo/a, sane

culebra, snake

cumplimiento, compliment (a variant form of *cumplido*)

cuyo, male lover or gallant

décima, ten-line poetic stanza

deprecatorio/a, begging

derrengar, to bend

desacreditar, to discredit

desafiar, to challenge; to challenge someone to a duel

desairado, disregarded; unattractive

desaliento, discouragement

desarreglado/a, untidy; disorganized

desdeñoso/a, disdainful

desechar, to reject; to cast aside

desembarazo, ease; naturalness

desempeñar, to get back a pawned item; to act or perform in a profession of a play

deshauciado, terminally ill

despacho, office; dispatch

despejo, brightness; self-confidence

despiadado/a, ruthless; merciless

despojar, to dispossess; to rob

desprendimiento, generosity

despreocupación, carelessness

despropósito, nonsense

devanarse (los sesos), to rack one's brains

diantre, an interjection similar to 'hell!' or 'damn!'.

dichoso, happy; blessed; but often ironic for 'damned'

dicterios, taunt

dilacerar, to hurt someone's pride or honour

diligencia, stagecoach; diligence

doblón, old Spanish gold coin of high value

dogal, noose

duro, silver coin worth ten *reales*

Ecarté, a card game for two players

ejecutoria, accreditation of nobility

embaular, to devour; to consume

embebido/a, to be absorbed in

embestida, lunge; impact

emborronar, to make blots; to scribble

embuchado, sausage

empeñar, to pawn; to commit oneself to

empero, however

empleado, employee; worker

enajenación, expropriation

encaramado, perched

encarnado, red

encontrón, collision; crash

engorroso, bothersome; awkward

enjambre, swarm; hive

enredar, to tangle

ensalzar, to acclaim; to praise

ensimismado, engrossed in one's own thoughts

ente, entity; being

entrambos, both; the two

entremeterse, to intrude or meddle

escarolero, a seller of *escarola* (endive)

escribiente, clerk

esgrimir, to brandish or wield

eslabón, link

espetar, to blurt out

espolín, a type of silk clothes

esquela, a short note used to convene an appointment or date

estocada, stab; thrust

estratagema, scheme

estribar, to be based on

excusado, superfluous

exornado/a, embellish

expediente, record; file

extrañar, to be shocked at something

fallo, judgement; opinion

faltriquera, pocket

fanal, bell jar

fatuidad, fatuity; conceit

figón, cheap restaurant

fonda, inn or restaurant

fósforo, match

frac, tailcoat

fraguar, to forge; to conceive

frasquete, flask

friolera, fortune; bundle

funesto/a, ill-fated; disastrous

futesas, trifle; frivolity

galera, a covered carriage or wagon; galley

gallear, to strut around; to brag

garrulidad, garrulousness

gaveta, drawer; filing tray

girar, to turn; to issue

gola, ruff

gracioso, jester character in a play

grande, dignitary; high-ranking member of the nobility

granjear, to gain; to earn

guadaña, scythe

hablador, talkative, gossipy, chatterbox

habladuría, nasty remark or gossip

hacer semblante de, to provide an appearance or illusion of

hacinado/a, piled up; stacked up

halagüeño/a, promising; flattering

hiedra, ivy

hilvanar, to tack; to cobble together

himeneo, nuptials

hojear, to flip the pages of a book

holgado/a, loose; comfortable; well-to-do

hollar, to leave tracks on; to tread on

horchata, a type of nut milk

hostería, inn

hozar, to root in; to rummage

hurón, ferret

ijares, sides of the body, flank

impagable, priceless

incensario, censer

indiano/a, Spaniard who had made a fortune in the Americas

informe, report

injuria, insult; injury

irrecusable, unimpeachable

israelita, usurer

izar, to raise; to bring up

jácaras, a popular song

jaez, kind

jaque, thug; check [in chess]

jirón, tear

joroba, hump

juicioso/a, sensible; wise

lampiño, beardless; smooth-faced

lance, tight spot, predicament

landó, a type of horse-drawn cart

langosta, locust

lares, neck of the woods

lechuguino/a, dandy

leguleyo, small-time lawyer; inferior legal practitioner

legua, league, a historical measure of length and distance used in several countries with different values. In Spain at the time, it would have been equivalent to 5572 meters

letra, letter; instalment contract

levita, frock coat

lienzo, canvas

lindezas, pretty things

lisonjear, to flatter

logrero, moneylender, speculator

lonja, market

lontananza, faraway

luneta, seat in the stalls of a theatre

maca, defect, bruise

magras, loin of pork

majadero, idiot; fool

mal encarado/ malencarado, sour-faced

maledicencia, slander; scandal

malva, gentle, meek

mancebo, lad

manzana, block

maravedí, old Spanish coin of changing value

marchitado/a, withered

mechar, technique of stuffing pockets of lard or seasonings in a joint of meat prior to roasting

menester, need; necessity

mentar, to mention

menudo, small, trivial

meritorio, an unpaid intern or trainee

mesada, monthly salary

misa, Catholic Mass

mofarse, to make fun of

mordacidad, sharpness, causticity

mordaza, gag (i.e. in mouth)

morigerado, well-behaved

mosto, must; grape juice used in winemaking

mote, nickname; also a type of literary riddle or game

mozo, waiter

mudar, to change something (often in reference to dwelling place or clothes)

mugriento, dirty

muletilla, verbal tic or often repeated word

murmurar, to mumble; to gossip

necio, stupid; fool

novillo, bullock; bullfight with younger bulls

ojal, buttonhole

omoplato, shoulder blade

oprobio, opprobrium; shame

orillo, selvedge (i.e. of fabric)

osadía, boldness; audacity

otorgar, to award; to consent

padrón, pattern

pajuela, ignitable strip or fibre, predecessor to the modern matchstick

palurdo, boor, bumpkin

palmada, slap; pat

palomina, pigeon excrement

panadizo, an abscess in the finger

pandero, tambourine

papalina, a type of cap or bonnet with ear flaps

paraje, spot, location

parapetarse, to shelter oneself

parca, death

parecer, judgement; opinion

pariente/a, relative

parroquiano, regular patron

parte, dispatch; comuniqué

paso, interjection used to disrupt an argument or to pacify someone

patíbulo, scaffold; gallows

pedimento, claim

pelechar, to thrive, to ameliorate

péndola, pendulum mechanism inside a clock

peregrino, pilgrim; also, outlandish

perfilarse, to embellish oneself

perorar, the action of giving a speech

perspicaz, clear-eyed; shrewd

pesar, sorrow

pesia, expression of discontent

pesos duros, silver coin worth 20 reales

pesquisa, research

pestillo, latch; bolt

pícaro/a, rogue; rascal; also an adjective for 'roguish' or 'impish'

picarse, to take offense,

pichón, pigeon

pillastre, scoundrel; rascal

pincelada, brushstroke

pingüe, plentiful, abundant

pinturera, swanky

pisotón, stamp (i.e. with foot)

pleito, lawsuit

polilla, moth

polisón, bustle

ponderado/a, prudent

porquería, filth; rubbish

preces, prayers used to ask for divine help

prendero/a, seller of second-hand clothes or junk

pretendiente/a, candidate; applicant

prócer, dignitary

prodigar, to lavish or give generously

prófugo/a, fugitive

puchero, tradtional Spanish hotpot or soup

puerco, pig; dirty

pundonor, self-love

puntillas, tiptoe

pupitre, desk

quebrantar, to break

quicio, door jamb

quitaguas, umbrella

raciocinio, reason

rapé, snuff

rapto, kidnap; abduction

rechinido, rasp

reconvención, reprimand

redoma, flask

refundido, adapted (often in reference to a literary work)

rehusar, to refuse; to deny

rendija, crack

reo, prisoner; **'reo de muerte':** a prisoner condemned to death

retumbar, to resound
ridículo, a small handbag carried by ladies
rienda, rein
rimero, heap
rimero, pile; heap
rocío, dew
roer, to gnaw
rollizo/a, plump; chubby
ronco/a, hoarse
rondón (de), unexpectedly
rotunda, the rear compartment in a stagecoach
rubor, embarrassment; blush

sacre, type of falcon
sarao, soirée; evening party
sazón, a la sazón, then; at that time
sembrado, cultivated field
semejantes, fellow men; fellow humans
señal, deposit
sentina, foul-smelling place
servilleta, napkin
sesos, brains
sisar, to steal
sitial, seat of honour
sobornar, to bribe
sobra, boasting, exaggeration
sobremesa, sitting on at the table after a meal
socarrón, sarcastic
socorrido, handy
sofoco, embarrassment
solapa, lapel

solemnizar, to celebrate
soltura, ease; skill
soplamocos, blow to the face, particularly to the nose
sortija, ring
sosegarse, to calm oneself down
soslayo, sideways; obliquely
suelto, loose change
sufrido, long-suffering; consenting

talles, waist
tamiz, sieve
tañer, to play a string or percussion instrument
tarima, platform; dais
tartana, type of horse-drawn cart
tauromaquia, bullfighting
temerón, bullying; loud-mouthed
terciar, to wear diagonally across one's chest; to mediate
testar, to make a will
tino, judgement
tintero, inkpot
tisú, type of cloth woven with silver or gold thread
titubear, to hesitate
tornar a las andadas, to return to the old ways
torniscón, twisting pinch
torrados, toasted chickpeas
tosco, crude, rough

tósigo, poison
trabar, to establish
trapalón, dishonest, swindler
trapero/a, rag and bone man or woman
trapillo, impoverished gallant, male or female
travesura, prank, mischief
trinchar, to carve
trueque, change; confusion
tutear, to address someone as 'tú' rather than 'usted

vajillla, dinner service
vano, vana, empty; vague

varas, changing measure of length, under a metre
veleidoso/a, fickle
veleta, weather-vane
versificar, to put into verses
victimario, helper in a ritual sacrifice
vilipendio, contempt
volandero/a, loose; casual

yerto/a, rigid, stiff

zaga, rearguard
zalagarda, row, quarrel
zipizape, rumpus; squabble